电子商务专业新形态一体化系列教材

网店美工

主　编　刘　涛　孙文帅
副主编　王友全　朱　琳　杨　晨
　　　　朱淑楠　刘纪忠
参　编　刘习翔　高金蕾　徐源泓
　　　　刘文青　田　笑
主　审　张倩菡

北京理工大学出版社
BEIJING INSTITUTE OF TECHNOLOGY PRESS

内容简介

本书共分为九个项目，主要内容为初识网店美工、网店商品拍摄、合理运用网店装修核心要素、网店装修与图片处理、店铺首页设计、商品主辅图设计、商品详情页设计、设计移动端店铺、网店设计推广，并在各个项目中融入乡村振兴农产品——贝贝南瓜的具体实操案例。

本书适用于职业院校电子商务、市场营销、工商管理等专业的电子商务客户服务课程教学，适合从事电子商务工作的有关人员阅读，也可供电子商务人员、网络营销人员、网店美工、摄影人员自学学习使用以及相关行业职工岗位培训参考。

版权专有 侵权必究

图书在版编目（CIP）数据

网店美工 / 刘涛，孙文帅主编. -- 北京：北京理工大学出版社，2024.4

ISBN 978-7-5763-3898-0

Ⅰ.①网… Ⅱ.①刘… ②孙… Ⅲ.①网店 - 设计 - 中等专业学校 - 教材 Ⅳ.①F713.361.2

中国国家版本馆 CIP 数据核字（2024）第 087829 号

责任编辑： 王玲玲	**文案编辑：** 陈莉华
责任校对： 刘亚男	**责任印制：** 施胜娟

出版发行 / 北京理工大学出版社有限责任公司
社　　址 / 北京市丰台区四合庄路 6 号
邮　　编 / 100070
电　　话 /（010）68914026（教材售后服务热线）
　　　　　　（010）63726648（课件资源服务热线）
网　　址 / http://www.bitpress.com.cn

版 印 次 / 2024 年 4 月第 1 版第 1 次印刷
印　　刷 / 定州市新华印刷有限公司
开　　本 / 889 mm × 1194 mm　1/16
印　　张 / 12
字　　数 / 246 千字
定　　价 / 46.00 元

图书出现印装质量问题，请拨打售后服务热线，负责调换

前言

党的二十大报告指出:"加快发展数字经济,促进数字经济和实体经济深度融合。"当前,电子商务领域正经历从传统电商向"新电商"模式的转型,新兴业态和模式层出不穷,技术的广泛应用和深度融合日益显著。

本书以习近平新时代中国特色社会主义思想为指导,全面贯彻落实党的二十大精神,落实立德树人根本任务,遵循《关于推动现代职业教育高质量发展的意见》,充分发挥课程在育人方面的作用。同时,基于行业的新要求,将提高职业综合能力作为核心目标,致力于培养卓越的电商美工人才,使学生能够更好地适应社会、行业和企业的新需求。

本书以就业为导向,共设计了九个项目,深入探讨网店美工岗位的"前因后果",并向读者全面展示从商品挑选、拍摄,直至商品包装与美工的整个流程。内容涵盖美工基础知识、网店商品拍摄与装修的核心要素,以及网店装修中不同图片的处理原则与技巧等。在这些项目中,我们特别融入了乡村振兴农产品——贝贝南瓜的具体案例,以增强实践性和应用性,使网店美工课程的教学内容能够与电子商务企业的实际岗位需求紧密对接,并通过课程任务化的方式,培养学生的网店美工岗位实操能力。本书主要有以下几个方面的特点。

1. 以课程思政理念为统领,落实立德树人根本任务

本书素材源将思政和素质目标自然融入各个项目,潜移默化地培养学生的社会责任感、团队协作意识和奉献服务精神等。同时,将电商美工教学与乡村振兴实践案例相结合,确保学生全面成长,适应培养高素质乡村电商人才的需求。在学习过程中,学生不仅能提升专业技能,还能增强对乡村振兴的责任感和使命感,为乡村电商的繁荣贡献力量。

2. 以学生为中心,实现理论学习与任务驱动一体化

每个项目独立、完整,并且以具体任务为驱动,充分体现了职业教育的"做中学"的理念以及"教学做"一体化的教学方式。课前为学生提供情境式的项目背景讲解,涵盖项目简介、学习目标及项目任务,使学生对项目全貌有清晰了解,充分体现以学生为本的原则,把握本课程的知识点和技能点,循序渐进地组织教材内容,突出学生岗位能力的培养和职业核心能力的形成,能很好地满足学生职业生涯发展的需要,体现了"做中教,做中学,做中求

进步"的职业教育特色。

3. 以标准为规范，校企共创，内容贴合职业需求

本书严格遵循国家标准，巧妙地融合了行业标准与企业标准。由校企共同开发，紧密对接岗位需求，书中所有的项目案例均源自校企合作的真实案例。同时，书中融入了最新的平台界面和操作流程图片，体现新知识、新技术、新工艺和新规范，旨在确保学生不仅掌握必备的基本理论知识，而且突出职业技能的培养，从而增强中职生的职业意识。

4. 以融媒体资源为依托，充分体现信息技术与教育教学的深度融合

通过本书中的二维码，学生可以访问与内容相对应的动画、微课等精品课程资源。这些资源有助于学生深入理解网店美工的基础知识，掌握网店美工的技能操作，并能进一步激发学生的学习兴趣，便于他们进行自主学习。

本书由刘涛、孙文帅担任主编，王友全、朱琳、杨晨、朱淑楠、刘纪忠担任副主编，刘习翔、高金蕾、徐源泓、刘文青、田笑参编。其中临沂市商业学校孙文帅负责全书统稿，具体分工为：临沂市商业学校杨晨、朱琳、朱淑楠、高金蕾、孙文帅分别负责编写项目一、项目二、项目四、项目六、项目八；临沂市理工学校刘文青负责编写项目三；临沂市工程学校徐源泓负责编写项目五；临沂市信息工程学校田笑、王友全分别负责编写项目七、项目九。部分参编教师开发了相对应的精品课程资源。本书的编写得到了众多企业专家的支持，特别感谢临沂汇材电子商务有限公司给予的指导。

本书适用于职业院校电子商务、市场营销、工商管理等专业的电子商务客户服务课程教学，适合从事电子商务工作的有关人员阅读，也可供电子商务人员、网络营销人员、网店美工、摄影人员自学学习使用以及相关行业职工岗位培训参考。这里需要特别指出的是，平台的相关规则、要求等会有不同的变化与更新，书中只提供原则性的示范，具体内容以平台的最新规则为准，读者可以自行网上查阅。

限于作者编写水平，本书中错误在所难免，恳请读者不吝指教。

编 者

目 录

项目一　初识网店美工　/ 1

　　任务一　走近美工岗位 …………………………………………………… 2
　　任务二　定位网店装修风格 ……………………………………………… 5
　　任务三　熟悉 Photoshop 图像处理软件 ………………………………… 9

项目二　网店商品拍摄　/ 19

　　任务一　初识网店商品拍摄工作 ………………………………………… 20
　　任务二　掌握商品拍摄的构图与布光技巧 ……………………………… 23
　　任务三　掌握商品拍摄的流程 …………………………………………… 33
　　任务四　生鲜果蔬类产品拍摄 …………………………………………… 38

项目三　合理运用网店装修核心要素　/ 48

　　任务一　色彩搭配 ………………………………………………………… 49
　　任务二　页面布局 ………………………………………………………… 54
　　任务三　美工文案编辑 …………………………………………………… 57

项目四　网店装修与图片处理　/ 63

　　任务一　商品图像尺寸调整 ……………………………………………… 64
　　任务二　商品图像抠图 …………………………………………………… 67

　　　　任务三　修饰商品图像 ································· 71
　　　　任务四　调整商品色差 ································· 78

项目五　店铺首页设计　/ 85

　　　　任务一　店铺首页布局 ································· 86
　　　　任务二　Logo 及店招设计 ····························· 91
　　　　任务三　轮播图海报设计 ······························ 101
　　　　任务四　页尾设计 ···································· 106

项目六　商品主辅图设计　/ 115

　　　　任务一　产品主图设计 ································ 116
　　　　任务二　主图视频拍摄与制作 ·························· 121
　　　　任务三　直通车推广图设计 ···························· 127

项目七　商品详情页设计　/ 132

　　　　任务一　了解商品详情页 ······························ 133
　　　　任务二　商品焦点图设计 ······························ 135
　　　　任务三　商品卖点图设计 ······························ 139
　　　　任务四　商品服务与售后设计 ·························· 145

项目八　设计移动端店铺　/ 149

　　　　任务一　移动端店铺首页设计与制作 ···················· 150
　　　　任务二　移动端店铺详情页设计 ························ 162

项目九　网店设计推广　/ 168

　　　　任务一　优惠券设计 ·································· 169
　　　　任务二　店铺促销活动 ································ 174
　　　　任务三　搭配套餐活动 ································ 180

参考文献　/ 186

项目一

初识网店美工

项目简介

本项目中，我们将从电商行业中了解网店美工岗位的重要性和应具备的基本要求，掌握网店装修的风格。借助网店美工常用的软件和拍摄设备等工具的基础操作进一步认识该岗位。同时通过网络搜索、查阅相关资源等手段查找相关信息，了解美工岗位的职业发展趋势。

学习目标

知识目标

1. 理解网店美工的岗位职责。
2. 理解网店美工的工作内容。
3. 掌握店铺装修风格的方法。
4. 了解网店美工的能力要求。

能力目标

1. 能够掌握 Photoshop 常用工具的使用。
2. 能够分析店铺装修风格，分析并确定店铺装修风格的方法，统一店铺风格。

素质目标

1. 通过网店装修的方法定位，提高学生审美能力。
2. 关注行业岗位发展，培养学生独立学习的能力和创新意识。
3. 培养学生理论结合实践，提升职业素养，实现自我激励、自我展示的能力。

任务一 走近美工岗位

任务导入

赵亮作为电商专业实习生，即将步入一家特色产品零售公司担任网店美工。在这之前，他具体还需要了解哪些关于本岗位的专业知识呢？

任务分析

在本任务中，我们将从三个方面进行学习，包括网店美工的概念，知晓网店美工对电子商务行业的重要性，同时清楚网店美工的工作范畴以及网店美工的职业定位。

知识链接

网店美工岗位的意义

网店美工是电商领域中不可或缺的重要角色，他们通过专业的设计技巧和审美能力为网店创造独特的视觉风格，提升网店的吸引力和竞争力。对于想要从事网店美工职业的人来说，需要掌握图像处理、创意设计、沟通、学习等技能，并关注行业发展趋势和市场需求的变化。

任务实施

理解网店美工能力要求

步骤1 初识网店美工岗位

随着网络营销的快速发展，市场对网店美工的需求日益增多。网店美工是一种承担店铺形象、产品展示与促销的相关设计工作。通俗来讲，就是帮助店铺设计图片，并让产品展示在消费者面前的幕后工作人员。

网店美工主要负责网店装修色系与产品色系的美学结构、产品图片处理、广告促销图片处理、产品描述图片处理等。同时，岗位人员要懂得基本的 HTML 等网页代码、如何用 DW 软件设置热点链接、店铺海报详情页制作及图片处理等。

步骤2 了解网店美工工作内容

1. 关于产品

（1）新品的详情页设计：对新上架的产品进行拍摄，包括每个产品的主图以及细节图。

（2）定期对所拍摄的图片进行美化和商业化处理。

（3）完成店铺的主页美化，制作产品的促销广告等。

2. 关于网页

（1）负责电商平台店铺首页、详情页、Banner、海报的设计与制作。

（2）页面整体规划与切割制作，为网站制作图片广告及动画广告。

（3）负责网站和网页整体效果的设计与装修，定期对页面进行创意设计与美化提升。

（4）现有网站页面的日常设计维护、专题页面的制作、Flash动画设计等。

（5）根据客户要求制作图片，配合客服并运营各部门的工作。

总的来说，作为一名网店美工，主要工作内容如下：

（1）负责店铺整体装修及美化、日常维护，页面创意设计，网店整体页面设计。

（2）根据促销计划，对店铺首页及附加页面进行网页美化设计。

（3）配合店铺销售活动，定期制作促销图片和页面。美化修改产品页面，定期更新店铺主页。

（4）负责新品的详情页设计。

步骤3　理解网店美工的能力要求

1. 软件操作能力

作为网店美工岗位人员，需要熟练使用如Photoshop、Dreamweaver、Illustrator、Flash、After Effects，Cinema 4D等软件进行图像处理和设计。

（1）Photoshop：Adobe Photoshop，简称"PS"，是由Adobe Systems开发和发行的图像处理软件。Photoshop主要处理以像素构成的数字图像，使用其众多的编修与绘图工具，可以有效地进行图片编辑工作。

（2）Dreamweaver：Adobe Dreamweaver，简称"DW"，中文名称是"梦想编织者"，最初为美国Macromedia公司开发。它是集网页制作和管理网站于一身的所见即所得网页代码编辑器。利用对HTML、CSS、Javascript等内容的支持，设计师和程序员几乎可以在任何地方快速制作和进行网站建设。借助经过简化的智能编码引擎，轻松地创建、编码和管理动态网站。故DW是一套针对专业网页设计师设计的视觉化网页开发工具。

（3）Flash：Flash又被称为闪客，是美国Macromedia公司所设计的一种集动画创作与应用程序开发的软件。通常包括Adobe Flash（用于设计和编辑Flash文档）和Adobe Flash Player（用于播放Flash文档）。

（4）Illustrator：Adobe Illustrator是一种应用于出版、多媒体和在线图像的工业标准矢量插画的图片处理工具。

2. 设计与分析能力

网店美工应具备网页设计、平面设计、动效设计等方面的能力，能够设计出字体、Logo、导航、海报、详情页等电商元素；需要优化工作所需的数据，如图片点击率、产品转化率、用户停留时间、活动销售成果等,并能理解用户心理和消费行为。

3. 色彩基础与审美能力

无论是平面设计,还是网页设计,色彩永远是最重要的一环。买家对店铺的第一感觉不是优美的版式或美丽的图片,而是网页的色彩。巧妙的色彩搭配不仅可以使网站更加美观,也可以给用户带来更加愉悦的感觉,增强其对网站或者店铺的停留度和忠诚度。因此,在进行网站设计时,我们应该重视色彩的选择和搭配。

同时需要岗位人员有良好的审美观,能够根据品牌形象和市场定位进行设计与调整。

4. 其他能力

一位优秀的网店美工还应具备较强的创意、策划文案能力,良好的营销思维,较强的文字功底;熟悉广告法、违禁字和敏感字;比如在制图时,图片传递的信息能否打动买家,所宣传的产品能否吸引消费者等。

举一反三

小亮已经了解到作为一名网店美工所需要具备的知识与能力,请同学们与他一同到Boss招聘网站搜索"网店美工"岗位的职位信息,对比三家公司对美工岗位需求的共同点与不同点。

公司名称	岗位需求共同点	岗位需求不同点

任务评价

评价项目	自我评价(20%)	小组互评(30%)	教师评价(50%)
网店美工职位认知(30分)			
网店美工能力评估(20分)			
网页信息检索能力(25分)			
岗位需求归纳对比能力(25分)			
综合评价			

任务二 定位网店装修风格

任务导入

赵亮逐渐了解和适应了网店美工这一岗位，部门现接到一任务是需要设计关于特色产品的线上店铺。此时，赵亮需要对网店的一些基本信息进行了解，例如网店装修的重要性、网店装修风格的确定等。

任务分析

本任务中，首先，我们要理解网店装修的概念和网店装修的重要性。能够让网店装修带动店铺的销售，提高顾客的浏览量。其次，学会用有效的方法确定网店的装修风格。最后，应注意网店装修中的几个细节问题，避免客流量的流失。

知识链接

网店的装修意义

目前，网店已成为行业内买卖销售的首选方式。而网店的装修是吸引顾客、提升销售的重要环节。店家们也越来越意识到网店美工的重要性，明确店铺定位，选择合适的装修风格，拥有自己独特的竞争优势才能吸引目标受众。因此确定店铺装修的风格至关重要。

优质的网店风格是成功的一半，好的网店装修和独特的风格能够吸引更多用户，直接影响用户的消费决策，进而产生很大的价值。

1. 建立信任感，提升门店流量

丰富的门店信息更容易吸引用户进入商户详情页。

2. 提升转化，提高客单价

网店装修的主要目的是吸引顾客，丰富、高质量的图片、视频和明确的商品信息，可促进用户获得更多决策参考信息，从而促进预约，带来订单交易。

3. 提升品牌形象和用户体验

优质的店铺信息展示，能够让用户尽快找到心仪的产品，可以使用户留下深刻的印象，进而提升品牌的认知度和形象，利于店铺的品牌传播。

任务实施

探索网店装修设计

步骤1 探究网店装修的方法

1. 明确目的和需求

在进行店铺装修前，要先明确自己的目标和需求。比如是要提高用户转化率或者增强品牌形象，还是使商品更加美观或更易于顾客找到自己想要的商品等，这些不同的设计目标和需求都会影响店铺装修的方向及风格。

2. 确定设计风格

设计风格是店铺装修的重要一环。在确定设计风格时，要考虑自己的品牌定位和受众群体。例如，如果主营文艺小清新的商品，那么店铺装修的设计风格也应该以文艺小清新为主。通过当今网店的装修案例，总结的装修技巧如下：

（1）网店装修要确保主题明确，店铺的特色和个性一定要突出。当决定经营某一类产品时，要知道店铺产品主要的特点是什么，然后把特点展现在设计理念中。比如家居类，能给人能够带来舒适、放松、温馨的感觉，那么在装修的时候不妨以这些为主题。

（2）合理使用色彩。明确主题和特色后，要选择自己的品牌主色调，通常应根据系统分析自身品牌受众人群的心理特征，找到这部分群体易于接受的色彩，而且色彩确定之后要延续下去。作为一名网店美工，在设计网店装修色彩搭配时需要考虑清楚店铺的主色调，这个主色调意味着店铺形成的一种风格，一般不会刻意改变。例如：食品行业的网店装修色彩搭配的色系选择对于食品行业来说是非常重要的，其中采用绿色的装修效果会较为理想，因为绿色代表的是新鲜、环保、生命力。不过，在后期的运营过程中，开始的定位倘若不是很准确，可以适当做一些调整。

（3）风格要统一。和传统实体店的经营模式一样，店铺风格最直接的表现就体现在装修的风格上。网店装修风格并不是一成不变的，当装修风格改变的时候，要遵循最初设定的主题，除非产品有变化。尽管颜色不同，还是要保证最初的主题。但值得注意的是，并不是说必须一直用同样的色系，也要注重与市场接轨，适时运用行业最新设计理念，打造出创新性效果。

3. 设计布局

网店布局设计要考虑用户的心理需求和使用习惯。首页布局要简洁明了，展示的商品要符合用户的需求。同时，要把重要信息放在显著的位置，例如热销宝贝、最新促销、折扣、新品等。商品页面的布局要清晰，让用户方便地了解商品的详细信息。

4. 优化模块细节

网店装修主要分为首页装修、商品分类、详情页、自定义页面等。作为一名网店美工，应严格把控在这几个模块上的设计细节。

首页装修可以分为日常和活动期间，无论是使用模板还是自主装修，都要注重页面的结构性，一定要有层次感，一目了然展示商品的价格优惠信息，增加用户浏览时长。可以增加店铺内活动款、爆款、新款的展示位置，做到图文并茂，设计精美。

通过将商品按照不同的属性、特征或用途进行分类，可以使消费者快速找到他们感兴趣的产品，节省时间并提高购物效率。同样，有效的商品分类还能使店主轻松地管理和查找商品，提高店铺的运营效率。

步骤2　明确网店装修注意事项

1. 图片页面显示

通常网店首页主要由店招、导航栏、海报、产品展示、客服旺旺、广告区、页尾、背景等部分组成，如图1-2-1所示。

网店首页及宝贝详情页是展示商品和活动信息的主要区域。网店首页首先要找到与产品协调的色调，也就是装修风格，才能给人一种良好的印象；其次，整个首页的排版也很重要，应符合用户的审美且满足大多数用户的浏览习惯。粗糙的排版和简陋的设计会影响页面布局，可能导致信息混乱，用户难以找到所需产品，从而降低网店整体可用性和用户满意度。网店装修首页布局示例，如图1-2-2所示。

图1-2-1　首页布局　　　　图1-2-2　首页展示

2. 图片颜色的选择

（1）与产品属性相适应。由于我们对不同商品的认识，导致对不同的商品有不同的心理印象，与产品属性相适应的颜色则能加强这种心理印象。例如：母婴店的用品对象是婴儿，我们对婴儿的情感总是会更多一点温柔，而且婴儿代表的是一个家庭的希望，因此主色调可以用黄色调，因为黄色的色彩性格代表的是温和与希望。

（2）与季节、活动、节日相适应。网页的色彩还应根据季节、活动、节日的不同，使用不同的主色调。例如：春天和夏天我们常使用绿色；秋天则用金黄色比较多；元旦、年货节等活动则大多数用红色。

（3）慎用色彩过于艳丽的颜色。过于艳丽的颜色比较刺眼，看久了会产生视觉疲劳，甚至反感。如果一定要使用艳丽的颜色来刺激顾客眼球，要注意这样的颜色面积不能过大。

（4）注意背景与文字颜色的对比。要注意图片背景与文案文字之间的颜色对比，当背景颜色是绿色，而选择同类色作为文字的颜色时，两色对比不明显，要看清文字则比较费力；如果选择对比色红色作为文字的颜色时，两色对比明显，但太刺眼，看久了会使眼睛过于疲劳。正确的方式应该是选取邻近色作为文字的颜色，效果会比较好。

步骤3　了解网店装修的基本原则

（1）个性鲜明。店铺的用色要结合产品，整体必须有自己独特的风格。需要重点突出的部分，一定要鲜明，以给客户留下深刻的印象。

（2）网店装修策划。网店装修页面主要是给客户看，自然要考虑客户的浏览、使用、心理等习惯。对于图文要做好搭配，不要出现过多干扰元素，让客户能做到视点聚焦。

（3）网店装修设计排版布局。整个页面的布局，一定凸显出主次分明，无论是色彩、格式、各个元素间等都要做到平衡协调。整个排版中选用2~3种颜色即可。

举一反三

大型促销活动即将到来，同学们接到校企合作农产品网店发来的任务单，即帮助贝贝南瓜网店设计及优化装修风格、布局等，以达到增加浏览量，加强宣传效果。

任务评价

评价项目	自我评价（20%）	小组互评（30%）	教师评价（50%）
掌握网店装修方法（30分）			
合理使用色彩搭配（25分）			
页面设计与优化意识（25分）			
装修网店创新意识（20分）			
综合评价			

| 项目一　初识网店美工 | 9

任务三　熟悉 Photoshop 图像处理软件

任务导入

赵亮在进行店铺装修和设计之前，发现需要对拍摄的商品照片进行一系列的处理，才能使其规避一些图片的问题。那么我们需要借助什么工具解决这一问题呢？

任务分析

本任务中，我们将学习网店美工岗位所常用的基本工具，其中通过对 Photoshop 的介绍，使同学们对网店美工这一岗位更为了解，以提升图片处理、优化视图的基本能力。

知识链接

走近 Photoshop

Photoshop 是由 Adobe 公司开发的图形图像处理和编辑软件，简称"PS"，是目前使用广泛的图像处理软件之一。Photoshop 拥有众多的编修与绘图工具，可以有效地进行图片编辑等工作。它支持多种图像格式和颜色模式，可以满足用户在图像处理领域中的需求，帮助用户设计并制作出高品质的图像作品。

任务实施

初识 Photoshop 工具栏

步骤 1　认识 Photoshop 工作界面

安装 Photoshop 软件后，启动 Photoshop，将打开图 1-3-1 所示的工作界面。

Photoshop 的工作界面主要由菜单栏、工具栏、面板组、工作窗口（编辑区域）、状态栏等部分组成。

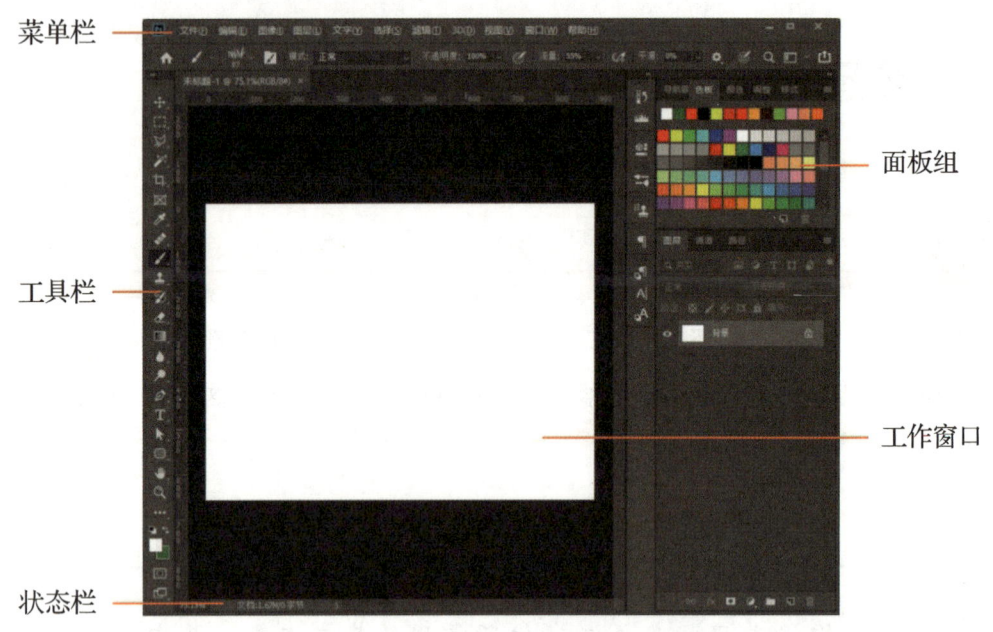

图 1-3-1　Photoshop 的工作界面

1. 菜单栏

菜单栏由文件、编辑、图像、图层、文字、选择、滤镜、3D、视图、窗口、帮助等菜单项组成，每个菜单项内置了多个菜单命令，用于完成图像处理的各种操作和设置，如图 1-3-2 所示。

2. 工具栏

Photoshop 的工具栏中包含了 40 余种工具，这些工具大致可分为选区制作工具、绘图和文字工具、修饰工具、测量工具以及导航工具等，用户可以通过这些工具方便地编辑图像。有些工具按钮右下角有一个黑色的小三角，表示该工具下还有一些隐藏的工具，如图 1-3-3 所示。

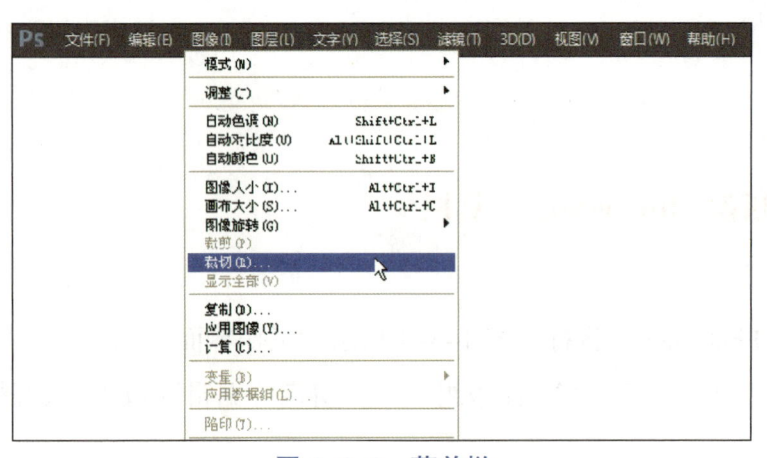

图 1-3-2　菜单栏　　　　图 1-3-3　工具栏

3. 面板组

面板组通常情况下位于 Photoshop 界面的右边。默认状态下，Photoshop 显示 4 个面板组，每组由 2~3 个面板组成，是用来设置工具参数和执行编辑命令的。单击面板左上角的扩展按钮，可以打开隐藏的面板组，再次单击可以将其还原为最简洁的显示方式。

4. 工作窗口

工作窗口用于显示当前操作的文档，Photoshop 的所有操作都在此进行。窗口的标题栏主要显示当前操作文件的文件名、显示比例及图像色彩模式等信息。

5. 状态栏

状态栏位于界面的底部，可以显示编辑文档的缩放比例、分辨率、储存进度和当前使用的工具等。

步骤 2　掌握 Photoshop 常用工具

1. 移动工具

移动工具是最常用的工具之一，它主要针对当前"选区"或当前"图层"的内容来操作。该工具栏中，属性包括自动选择、对齐、分布图层、技巧等。因此，文档中对象、选区的移动，或者图层及其他文档中的图像要拖入当前文档中，都离不开移动工具。

2. 选框工具

选框工具组包括矩形选框工具、椭圆选框工具、单行选框工具和单列选框工具，分别用于创建矩形选区、椭圆形选区、单行选区、单列选区。

（1）矩形选框工具：选择该工具后，鼠标指针变为十字状，在图像窗口中按下鼠标左键并向任意一个方向拖动，可以创建矩形或正方形的选区。

（2）椭圆选框工具：选择该工具后，鼠标指针变为十字状，在图像窗口中按下鼠标左键并向任意一个方向拖动，可以创建椭圆形或圆形选区。可用"Shift"+"M"快捷键实现矩形选框和椭圆选框的切换。

（3）单行选框工具：使用此工具时，鼠标指针变为十字状，只要用鼠标在图像内单击，便可以选择水平的一个像素行。注意该工具属性栏中的样式不可选，羽化只能为 0 像素。

（4）单列选框工具：使用此工具时，鼠标指针变为十字状，只要用鼠标在图像内单击，便可以选择垂直的一个像素列。注意该工具属性栏中的样式不可选，羽化只能为 0 像素。

3. 套索工具

套索工具也是一种较常用的制作选区的工具，可以用来制作折线轮廓选区或者手动绘制不规则的选区轮廓。其中包括套索工具、多边形套索工具和磁性套索工具。

（1）套索工具：用户可以按住鼠标左键，沿所需区域的边缘拖动鼠标，再拖回到起点位置时释放鼠标，形成选区。如果中途释放鼠标，起点和终点将自动用直线连接，形成闭合的区域。

（2）多边形套索工具：使用多边形套索工具可以帮助用户创建直线边框的多边形选区。先将鼠标移到图像中单击以确定折线起点，然后再陆续单击其他折点来确定每一条折线的位置，最终当折线回到起点时光标下会出现小圆圈，表示选择区域已经封闭，再次单击鼠标即可完成操作。

（3）磁性套索工具：磁性套索工具是一种可以自动识别图像边缘功能的套索工具。它具有磁性，可以自动吸附在物体边缘。比如对于边缘复杂但与背景对比强烈的对象，可以快速、准确地选取其轮廓区域。鼠标移动到图像中单击选取起点，用鼠标在画布窗口拖曳，此时的磁性套索工具会根据自动识别的图像边缘生成选区轮廓，最终当鼠标移回起点时光标下会出现小圆圈，表示选择区域已经封闭，再次单击鼠标即可完成操作。

4. 魔棒工具

魔棒工具是一种非常实用的图像选择工具，它可以根据像素的色彩和亮度值选择区域。使用魔棒工具时，将光标放到需要选取的区域上，单击鼠标，颜色相似的像素即被选中。选择魔棒工具设置容差并单击要修改的区域，如图 1-3-4 所示。

图 1-3-4　魔棒工具的使用

5. 油漆桶

油漆桶工具可以在图像中填充前景色和图案。

6. 渐变工具

渐变工具可以进行各种渐变填充，即创建两种或多种颜色之间逐渐过渡的混合色彩效果。

7. 文本工具

利用文本工具，可以非常方便地输入、编辑文字，并能进行变形处理。

认识图层面板

步骤 3　理解 Photoshop 图层面板

图层是 Photoshop 最为核心的功能之一，Photoshop 的所有编辑功能几乎都无法离开图层来实现。图层就如同一层一层叠在一起的透明胶片，每一张胶片上面都印有不同的图像，可以透过上层胶片的透明区域看到下层胶片的内容。图 1-3-5 所示为图层面板，图 1-3-6 所示为图层分解示意。

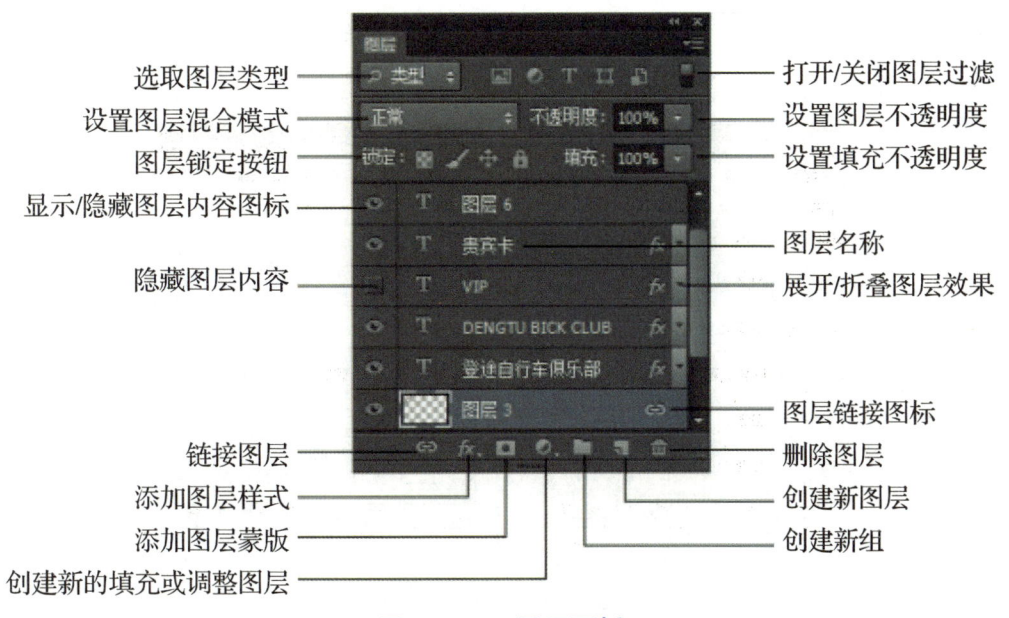

图 1-3-5　图层面板

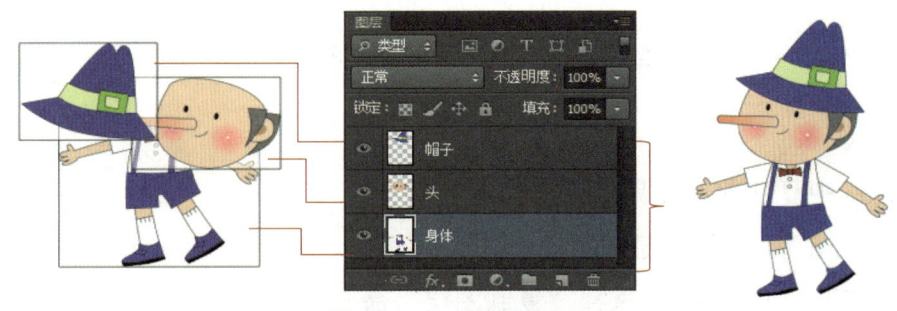

图 1-3-6　图层分解

1. 创建新图层

Photoshop 中新建图层的方法有很多，下面介绍几种常用的新建图层的方法。

（1）执行"图层"→"新建"→"图层"菜单命令。

（2）单击"图层"面板下方左边第二个"创建新图层"按钮。

（3）粘贴剪切板程序中的内容，单击"图层"→"新建"→"通过剪切的图层"或"通过拷贝的图层"选项。

（4）使用"Shift"+"Ctrl"+"N"快捷键。

2. 选择图层

在 Photoshop 中，大部分的图层操作都是对当前选择的图层进行操作。选择图层可以有多种方式，以下是几种常用的选择图层方法。

（1）选择单个图层：只需在图层面板中单击要选择的图层即可。

（2）选择多个连续的图层：按住"Shift"键连续选择图层中的第一个和最后一个后，中间所有的图层就选中了，如图 1-3-7（a）所示。

（3）选择多个不连续的图层：可以按住"Ctrl"键后再单击要选择的图层，如图 1-3-7（b）所示。

（4）选择所有图层，选择"选择"→"所有图层"菜单命令，可以选中图层面板中除背景图层以外的所有图层。

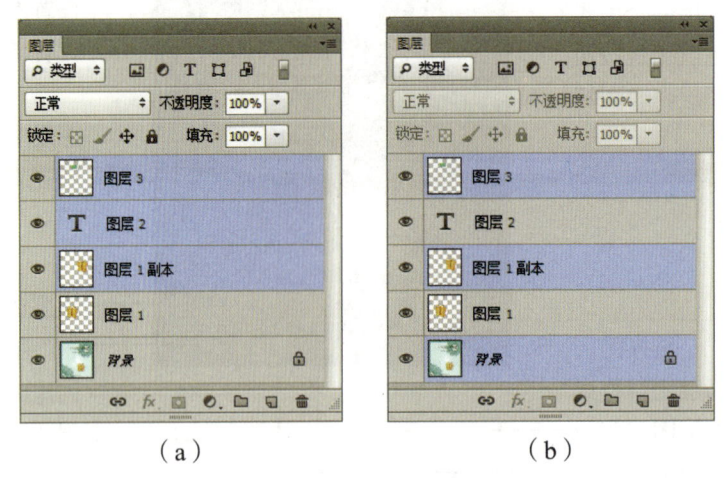

（a） （b）

图 1-3-7 选择图层

（a）选择多个连续的图层；（b）选择多个不连续的图层

动脑筋 思考一下，我们在选择图层后该如何取消图层呢？

3. 复制图层

在 Photoshop 中复制图层的具体方法如下。

（1）使用"Ctrl"+"J"快捷键。

（2）找到图层，单击右键，选择"复制图层"命令。

（3）在"图层"面板中将目标图层拖至"创建新图层"按钮上，就能复制出图层，如图 1-3-8（a）所示。

（4）在"图层"面板中选中目标图层并执行"图层"→"复制图层"菜单命令，效果如图 1-3-8（b）所示。

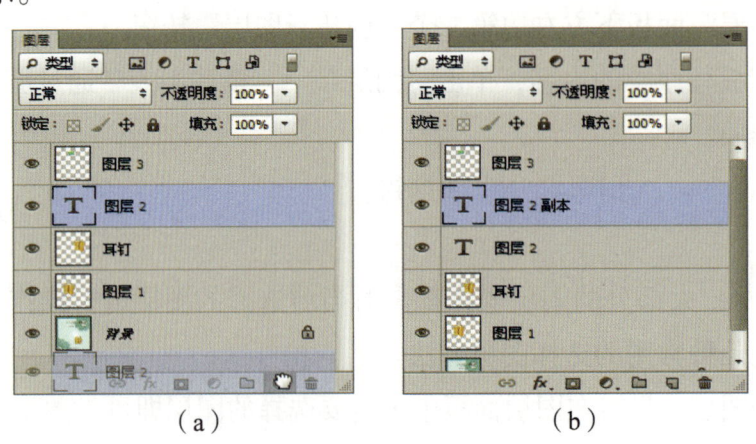

（a） （b）

图 1-3-8 复制图层

（a）拖至"创建新图层"按钮上；（b）复制图层效果

4. 删除图层

当图层中的图像不再有用或备份图层过多时，可以将这些图层删除。

（1）单击"图层"面板中的"删除图层"按钮，或直接将图层拖至"删除图层"按钮上。

（2）在"图层"面板中选中目标图层并执行"图层"→"删除"→"图层"菜单命令。

（3）选择要删除的图层，直接按"Delete"键，即可删除。

5. 建立图层组

如果一个文件中包含较多的图层时，可以利用图层组来管理图层，将需要分类的图层创建在同一图层组内。

（1）单击"图层"面板上的"创建新组"按钮，即可得到一个新建的图层组。

（2）执行"图层"→"从图层新建组"菜单命令。

（3）同时选择多个图层，执行"图层"→"图层编组"菜单命令。

> **知识拓展**
>
> **图层的链接与合并**
>
> 要把几个图层链接起来，首先选定要链接的图层，然后单击"图层"面板中的"链接图层"按钮。如果要将链接的图层取消链接时，只需再单击该按钮。如果对链接中的任何图层进行移动、旋转或自由变形等操作，此时这一组链接在一起的图层都会同时进行相应的变换，若这组链接图层中有一个图层被锁定，那么这一组图层也相应被锁定。

步骤4　应用图层样式

图层"混合模式"通过将当前图层中的像素与下面图像中的像素相混合从而产生奇幻效果，当图层面板中存在两个以上的图层时，在上面图层设置"混合模式"后，会在"工作窗口"中看到设置该模式后的效果。

图层样式是指在图层中添加样式效果，从而为图层添加投影、内发光、外发光、斜面与浮雕等样式。

1. 投影样式

使用"投影"命令可以为当前图层中的图像添加阴影效果，执行"图层"→"图层样式"→"投影"菜单命令，即可打开如图1-3-9所示窗口。

混合模式：确定图层样式与下层图层的混合方式。

颜色框：对于指定区域部分，可以单击颜色框并选取颜色。

不透明度：设置图层效果的不透明度，

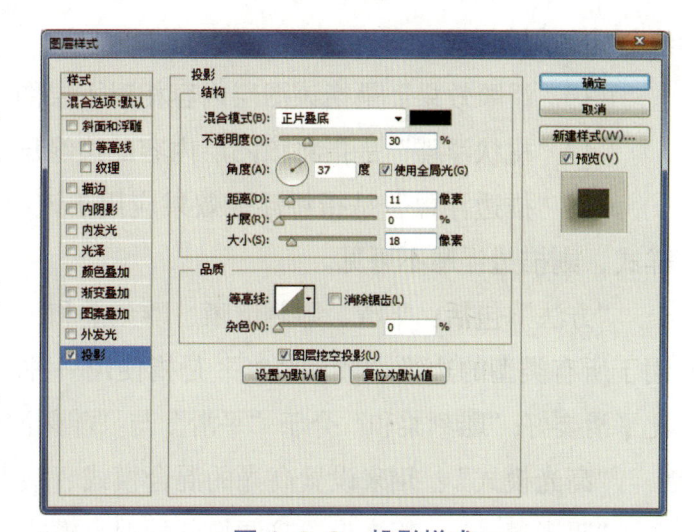

图1-3-9　投影样式

可以通过输入值或拖动滑块来设置。

角度：确定效果应用于图层时所采用的光照角度。可以在文档窗口中拖动以调整投影、内阴影或光泽效果的角度。

距离：指定阴影或光泽效果的偏移距离，可以在文档窗口中拖动以调整偏移距离。

扩展：用来设置阴影边缘的细节，数值越大投影越清晰，数值越小投影越模糊。

大小：指定模糊的半径和大小或阴影大小。

等高线：使用纯色发光时，等高线允许创建透明光环。使用渐变填充发光时，等高线允许创建渐变颜色和不透明度的重复变化。在斜面和浮雕中，可以使用等高线勾画在浮雕处理中被遮住的起伏、凹陷和凸起。使用阴影时，可以使用等高线指定渐隐。

消除锯齿：可在混合等高线或光泽样式里选择"消除锯齿"选项，此选项在具有复杂等高线的小阴影上最有用。

杂色：指定发光或阴影的不透明度中随机元素的数量，可以通过输入值或拖动滑块来完成。

2. 斜面与浮雕

此效果可以对图层添加高光与阴影的各种组合，使图层内容呈现立体的浮雕效果。使用"斜面与浮雕"命令可以为图层中的图像添加立体浮雕效果及图案纹理，如图 1-3-10 所示。

"样式"包括：内斜面、外斜面、浮雕效果、枕状浮雕及描边浮雕。

（1）"内斜面"是指在图层内容内边缘创建的斜面。

（2）"外斜面"是指在图层内容外边缘创建的斜面。

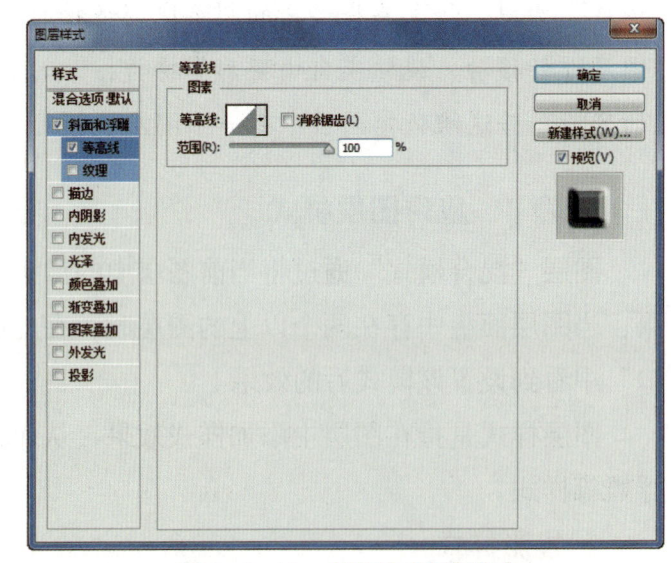

图 1-3-10　斜面与浮雕样式

（3）"浮雕效果"是指该图层内容相对下层图层呈现浮雕效果。

（4）"枕状浮雕"是指将该图层内容的边缘压入下层图层中。

（5）"描边浮雕"是指将浮雕效果应用于该图层的描边效果上，如果图层没有应用描边样式，则描边浮雕不可见。

"方法"包括：平滑、雕刻清晰、雕刻柔和，其中"平滑"是指使用模糊的平滑技术，适用于所有类型的边缘；"雕刻清晰"是指使用一种距离测量的技术，主要用来消除锯齿，性能比平滑要好；"雕刻柔和"介于"平滑"与"雕刻清晰"之间，对范围较大的边缘较为有效。

"高光模式"：用来设置高光的混合模式、颜色和不透明度。

"阴影模式"：用来设置暗调部分的混合模式、颜色和不透明度。

"深度"：是一个调节大小比例的参数，通过滑动条或直接输入数据来确定斜面的大小。

"方向"：定位光源角度后，根据"上"和"下"两个参数来改变光和阴影的位置。

"大小"：用来设置斜面和浮雕中阴影面积的大小。

"软化"：用来设置斜面与浮雕的柔和程度。

3. 其他效果

应用于各个图层的样式和使用方法与设置大致相同，其他图层样式效果将简要概述。

描边：使用颜色、渐变或图案在当前图层上描画对象的轮廓。它对于硬边形状（如文字）特别有用。

光泽：使用光泽样式可以为图层中的图像添加光源照射的光泽效果。

内阴影：紧靠在图层内容的边缘内添加阴影，使图层具有凹陷外观。

外发光：使用外发光样式可以在图层中的边缘产生向外发光的效果。

内发光：使用内发光样式可以从图层中的图像边缘向内或从图像中心向外产生扩散发光效果。

颜色叠加：使用颜色叠加样式可以为图层中的图像叠加一种自定义颜色。

图案叠加：使用图案叠加样式为图层中的图像叠加一种自定义或预设的图案。

渐变叠加：使用渐变叠加样式可以为图层中的图像叠加一种自定义或预设的渐变颜色。

举一反三

结合素材包，自行选择一组特色农产品图片，利用图像处理软件将其为店铺设计宣传海报，每位同学展示其作品并评价。

任务评价

评价项目	自我评价（20%）	小组互评（30%）	教师评价（50%）
能对图片进行调色、抠图（30分）			
能对图层进行简单处理（25分）			
产品设计宣传能力（25分）			
团队合作、沟通能力（20分）			
综合评价			

>>> 素养视窗

互联网逐渐改造传统产业是当今产业发展的必经之路。同时，农业也逐步在转变，形成集生产、加工、销售、服务为一体的完整农业产业链，农产品消费者在线支付购买现实商品，生产者提供产品、线下基地和线下服务。在这种模式下，消费者可以获取更丰富、更全面的农产品生产和价格等信息。对于农产品生产资料供给方或者农资服务商，则有更大的宣传平台来吸引更多的顾客，而且可以节省成本。2022年中央一号文件强调"实施'数商兴农'工程，推进电子商务进乡村"。电子商务的流行最终使农产品交易快捷简便，交易成本降低，农户劳动生产率随之提升。农业互联网时代的来临，使农业产业链的流程悄然改变，互联网思维能有效地帮助解决农业产业链发展中的各种问题。在国家政策的推动下，农村交通、物流、网络等软硬件建设也在逐步完善，地方特色农产品产业得到扶持，新农人电商培训力度不断加强，农村电商生态环境不断得到优化，农村电商迎来了新的发展机遇！

项目二

网店商品拍摄

项目简介

本项目主要介绍网店商品拍摄相关内容，包括认识网店拍摄工作，学会商品摄影设备的基本设置，掌握常用的拍摄构图和布光技巧。通过本项目的学习，读者可以掌握商品摄影的流程并能够运用到不同品类商品拍摄设备准备工作中去。重点培养学生网店商品拍摄的基本技能，使其具备根据不同类型的商品处理后期网店照片的能力。

学习目标

知识目标

1. 认识网店图片拍摄与编辑的意义。
2. 理解拍摄常用的构图技巧。
3. 掌握网店商品拍摄的布光方法。
4. 掌握拍摄工作的基本流程。
5. 掌握常用的设计构图和场景搭配方法。

能力目标

1. 掌握能够根据不同商品选择合理的构图方式。
2. 培养学生掌握不同品类网店商品拍摄的方法。
3. 能够为商品设计适合的拍摄风格和拍摄方案。

素质目标

1. 培养学生的摄影技能和创意思维。
2. 提升学生审美能力和商品拍摄艺术品味。
3. 培养学生的沟通能力和团队协作精神。
4. 培养学生创造美的能力和提升人文素养。

任务一　初识网店商品拍摄工作

任务导入

在淘宝网店工作的小雅同学平时爱好摄影，店铺的老板找到小雅同学，要求小雅帮助店铺的商品拍摄一些商品图，小雅拿到商品后按照平时的方式完成了商品拍摄，但在给店铺老板提交作品时，老板提出摄影作品和店铺的风格不太匹配，商品的细节不足。店铺老板提出能够帮助店铺更多地卖出商品，同时提高店铺的整体视觉效果的要求，请同学们一起想一想应该怎样拍摄才能达到店铺老板的要求呢？

任务分析

由于在网店中，顾客无法感受到商品的实体，那么顾客想要了解一个商品的信息，最简单最直观的方式就是通过商品的图片来了解。所以网店中的商品图效果越好对于网店越有利，理解网店商品拍摄和编辑的意义对于网店经营十分重要。

知识链接

商品拍摄的意义

一、商品拍摄的定义

商品拍摄，指针对产品而开展的摄影活动，属于商业产品广告拍摄的一部分，主要是以商品为主要拍摄对象的一种产品拍摄，通过反映产品的形状、结构、性能、色彩和用途等特点，从而引起顾客的购买欲望。产品拍摄是传播商品信息、促进商品流通的重要手段。随着商品经济的不断发展，产品已经不是单纯的商业行为，它已经成为广告传播的一种重要手段和媒介。因为受到种种条件的限制，企业往往不可能将产品直接展示给每位消费者，这时我们就不得不拿起相机将这些产品拍照成拍摄图片，借助各种传媒使产品走进众多消费者的视野。

二、网店商品拍摄的意义

1. 吸引顾客关注

在众多的网店商品中，利用图片使自己的商品被及时发现，就可以吸引买家点击浏览并进入店铺，增加浏览量，它就像商店的橱窗在产品销售中扮演的重要角色，当买家走过店面时，如果对店面产生好感并加以关注，就会走到店里来。同理，在网店中，买家通过搜索对自己所需要的商品进行筛选，这时候，一张美观的照片就能使买家产生好感，吸引其关注，促使其点击进入店铺查看产品的详细信息。如图2-1-1所示，顾客能够通过这两张图片得到的信息有：产品是香薰，有精致的包装盒，

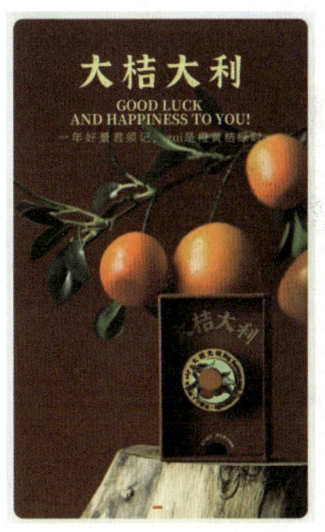

图 2-1-1　香薰商品及包装图

气味为橘子的味道，通过虎头能够看出为虎年的新年限定，可以作为新年礼物送人。

2. 提高商品的竞争力

店铺在同类市场进行产品市场竞争时，一张好的商品图，可以使自己的商品从同类产品中脱颖而出，这样就可以持续增加店铺的关注度，更多地抢占同类产品市场，提高商品在同类产品中的竞争力。

3. 影响购买决策

同样类型的商品，不同的图片拍摄，会给买家留下不同的印象，并会对买家的购买决策产生完全不同的影响。

4. 提高商品销售

好的商品图会给买家带来愉快的购物体验，在提升产品销量的同时还会引起供货商的重视，从而能够使网店得到更好的服务和更优惠的进货条件。

任务实施

商品图片编辑与细节处理

步骤 1　修复商品图片瑕疵

我们前期拍摄的商品照片，都属于原始照片。不管我们采用什么样的相机和照明光源，因为个人的原因或者外界的因素，拍摄出来的商品照片，常会出现一些令人不太满意的地方。比如相机镜头使用不当，造成照片清晰度不够、颗粒粗大、颜色偏差；或者照明用光不合适，使得照片明暗效果不合适（照片过亮或者过暗）；背景杂乱干扰等。照片上出现的一些问题，不是仅仅靠拍摄技术就可以解决的，而是需要通过后期对商品图片进行编辑处理，才能得到效果完美的照片。例如将图2-1-2中杂乱的花盆背景编辑掉，使商品图片更加简洁美观，如图2-1-3所示。

图 2-1-2　背景杂乱图　　　　　　　　图 2-1-3　背景简洁图

步骤 2　统一图片大小

不同相机拍摄出的商品图可能会造成商品图片尺寸不同，但在网店店铺中呈现，需要统一的固定尺寸，这就需要我们对商品图片进行编辑处理，详见本书项目四。

步骤 3　统一店铺整体风格

通常在我们的网店中，一个优秀的店铺从装修风格再到商品图都需要与所售卖的商品保持风格统一。当拍摄得到的商品图与整体店铺风格不符时，需要利用编辑处理对不同的商品图进行风格统一。

动脑筋

一个店铺中统一图片整体风格的最简单方式是选择统一色调和背景，同学们观察一下图 2-1-4，其中不同的商品背景、商品图风格是否统一？

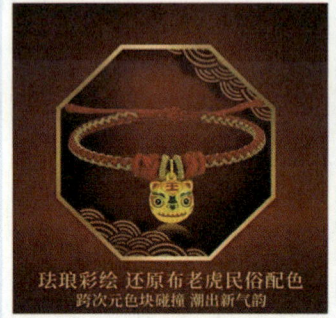

图 2-1-4　商品整体风格图

举一反三

请你选择一家你认为拍摄的商品图创意尚佳的网店，谈一谈这家网店商品图拍摄的优点是什么？这样的商品图会给卖家在市场竞争中带来哪些好处？并在课堂中与其他同学分享。

任务评价

评价项目	自我评价（20%）	小组评价（30%）	教师评价（50%）
商品图片清晰度（20分）			
商品图片尺寸大小（20分）			
商品图片风格（20分）			
商品图片处理效果（20分）			
商品图片创意设计（20分）			
综合评价			

任务二　掌握商品拍摄的构图与布光技巧

任务导入

小雅在实习工作时兼任一名摄影师助理，近期店铺老板打算推一批新品，商品样品已经到货，在公司的商品摄影棚里，在小雅眼里虽然摄影灯的形状各异，但功能应该是一样的，于是把3台灯放在了拍摄台的左侧，打开灯后摄影台上的商品照得非常亮，样品也堆放得杂乱无章。老板看到小雅的构图后摇头笑着对他说：要想学好摄影，必须先学好构图与布光。在商品拍摄中如何进行布光呢？商品摄影的构图到底应该怎样设计？

任务分析

要想学好摄影，必须先学好构图与布光，在商品拍摄中如何进行布光与构图。本任务首先要做好商品构图，构图就是把人、景、物安排在画面当中以获得最佳布局的方法，其次是选择合适的布光方法，在拍摄中，商品的形态、立体感、表面结构、色彩特征等都借助光线的明暗软硬得以体现出来，这样就可以让顾客直观、真实地浏览到自己想要浏览的产品式样和品质，激发顾客的购买兴趣。

知识链接

商品拍摄的构图与布光

一、常见的构图方式

1. 黄金分割构图

黄金分割构图是摄影中最常用的构图方法，黄金分割的比例为 0.618∶1，是一个完美的比例关系。在主体拍摄中，遵循其黄金比例关系，即将要表现的主体放置在黄金分割点的位置，以此形成视觉的中心，使画面具有和谐的美感。

在摄影中使用黄金分割比例则可以让照片感觉更自然、舒适，更能吸引观赏者。在摄影构图中，黄金分割构图有多种表达方式，最常用的构图包括"黄金螺旋"（见图 2-2-1、图 2-2-2）和"黄金九宫格"（见图 2-2-3、图 2-2-4）。

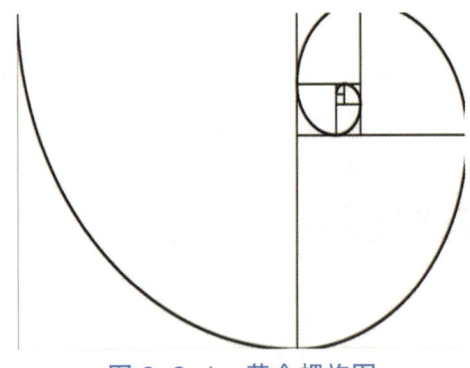

图 2-2-1　黄金螺旋图

图 2-2-2　风景黄金螺旋图

图 2-2-3　农田九宫格图

图 2-2-4　湖泊九宫格图

2. 中央构图

中央构图又称为居中构图，是人像中最常见的一种构图方式。中央构图是把目标的主体放在画面的中间，将主体和背景迅速分离开来，将被摄体构图于画面正中间，从而达到强调主体的效果，配以背景的各种色彩以及广角端拍摄，可以获得具有冲击力的照片。这种构图方式的最大优点就在于主体突出、明确，而且画面容易取得左右平衡的效果，如图 2-2-5、图 2-2-6 所示。

图 2-2-5　儿童中央构图　　　　　　　　　图 2-2-6　成人中央构图

3. 横式构图与竖式构图

横式构图是利用画面中平行于左右的线条元素构建画面的构图方式。它适合横画幅取景，整个画面表现出稳定、平和、宽阔的感觉。如在商品拍摄中，横式构图常用于商品组合的拍摄，商品都水平放置在拍摄台上，整个画面表现出简单整洁的感觉。

竖式构图是将主体呈竖向摆放的竖幅构图方式。竖式构图给人的感觉是高耸、坚强、有力。竖式构图多用来表现有垂直的线条和修长的商品，显示出挺拔和力量。袜子、大衣的竖式构图效果，如图 2-2-7、图 2-2-8 所示。

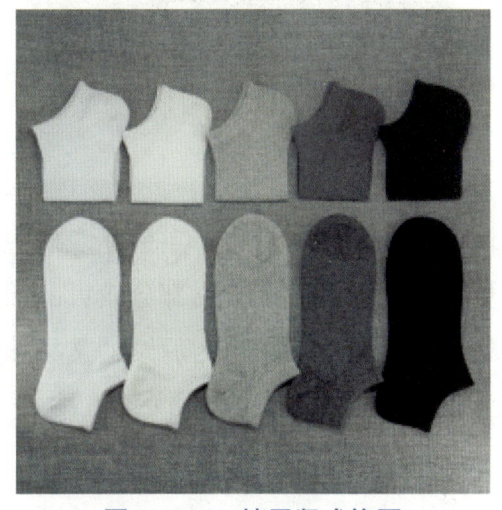

图 2-2-7　袜子竖式构图　　　　　　　　　图 2-2-8　大衣竖式构图

4. 九宫格构图

九宫格构图又称为井字构图，是将画面的横向和竖向分别用两条线平均分成三份，而线条形成了一个汉字"井"。横竖线相交的四个点，被称为趣味点或黄金分割点，是点元素商品的最佳放置位置，可将要表现的主体放置在其中一个点上，从而使画面整体平衡、和谐，如图 2-2-9、图 2-2-10 所示。

图 2-2-9　茶壶九宫格　　　　　　　　　　　图 2-2-10　人物九宫格

5. 对称构图

对称构图是整个画面左右或者上下的大小、形状、轮廓基本一致的构图方式，它是以中央为界，上下或两侧图形对应相同。在主体拍摄中，常用于表现对称的商品，使画面变得平缓，对称构图是中国传统的构图方法，广泛运用在建筑领域里。在拍摄花卉或昆虫鸟类时，使用对称构图可以得到很生动的效果，具有稳定、和谐的特点。门锁、风景对称图效果如图 2-2-11、图 2-2-12 所示。

图 2-2-11　门锁对称图　　　　　　　　　　　图 2-2-12　风景对称图

6. 留白构图

留白构图是指在摄影图片中在主体人物一侧出现大量的留白。首先，空白是表现主体的需要，在主体周围或背后留有一定的空白可使主体更加醒目；其次，空白部分较大的照片显得简练而洁净，让人感到心情舒畅，产生丰富的想象。因此留白构图也为后续的文案编辑提供足够的可创造性。风景留白图和盆栽留白效果如图 2-2-13、图 2-2-14 所示。

图 2-2-13　风景留白图　　　　　　　　　　　图 2-2-14　盆栽留白图

7. 对角线构图

对角线构图是将拍摄主体呈线形安排在对角线上或对角线附近，也叫斜线构图。它是引导线构图的一类，将主体安排在画面的对角线上，这样就能很好地利用画面对角线的长度，同时也能够使主体和陪体产生一定的关系，使拍摄画面更有延伸感、立体感和运动感，如图 2-2-15 所示。

图 2-2-15　生鲜对角线构图

8. 三角构图

画面上选择有主次之分的三个物体，摆放成三角关系。三角构图法是十分稳定而有趣的构图法，如图 2-2-16 所示。

图 2-2-16　生鲜三角构图

二、常见的布光技巧

动脑筋

如图 2-2-17 所示两张图片拍摄的是同一件商品，请说一下哪张图片更能体现商品的特性？

图 2-2-17　不同布光下果冻橙图

1. 光线的运用

自然光是指自然界产生的光线，最主要的自然光是指太阳发出的光线，包括太阳的直射光，阴天、雨天、雪天时天空的漫射散光及月光和星光等。相较于人造光，首先自然光不能由摄影者任意控制和调节。其次，太阳光亮度充足，并且光照效果不受拍摄距离的限制，无论是近距离拍摄还是远距离拍摄都可以获得稳定的曝光量。最后，运用太阳光进行拍摄时，对器材附件的要求较低，往往有一块反光板就可以很好地完成对光线的调整，如果对光质要求过高，再添置一块透光板即可，如图2-2-18、图2-2-19所示。

图2-2-18　打开反光板

图2-2-19　透光板

而且太阳光并不是一成不变的，它会随着时间的变化而变化。只要掌握了太阳变化的规律，就可以营造丰富的画面效果。太阳光的色彩最富于变化的时候就是日出日落前后。但对于网店商品拍摄来说，很多时候并不需要追求色彩富于变化的光线，中午时没有色彩倾向的太阳光才是最佳的选择，如图2-2-20、图2-2-21所示。

图2-2-20　中午拍摄（一）

图2-2-21　中午拍摄（二）

2. 人造光的控制

相对于自然光来说，人造光要复杂许多。首先从灯光器材上看，人造光的来源非常丰富，除生活中的照明灯外，还有闪光灯、外拍灯、影室灯、三基色灯、LED灯、荧光棒等许多专业灯光。

除这些灯光外，还有许多的附件要与它们搭配使用，如各种型号的灯架、引闪器、柔光箱、束光筒、滤片等，如图 2-2-22~ 图 2-2-25 所示。

图 2-2-22　灯架

图 2-2-23　引闪器

图 2-2-24　柔光箱

图 2-2-25　束光筒、滤片

使用人造光的好处是一切变得更加可控，灯光的亮度、照射角度、色温等都可以轻松控制，拍摄者可以通过组合多个灯光或是组合不同的灯光与附件，获得不同的照明效果，并且可以不受时间、天气等自然因素的限制持续照明。因为人造光不会像太阳发出的自然光那样随着太阳的升起和降落而时有时无，所以人造光比自然光具有更大的灵活性和创作空间，如图 2-2-26 所示。反光板与人造光的结合可以突出商品的立体感，如图 2-2-27 所示，两种灯光的组合可以使商品的色彩更鲜亮。

图 2-2-26　立体感展示

图 2-2-27　色彩展示图

3. 色调的运用

影调是构成画面的第一要素，是摄影画面的生命线，因为有影才有形，有形才有线。只有有了明暗影调层次，画面中的各种物体才能成为可以看得见的影像，包括物体的质感、真实色彩和立体感等，如图 2-2-28 所示。

（1）高光增强被摄体的立体。

拍摄时，物体受光面有了高光点的点缀，便使得画面黑白灰的对比更加明显，物体的立体感会更加突出，如图 2-2-29、图 2-2-30 所示。

图 2-2-28　食物口感的展现

图 2-2-29　樱桃的立体感（一）

图 2-2-30　樱桃的立体感（二）

（2）影调可以表现质感。

所谓质感，就是指物体的表面结构感。质感是物体最鲜明的外部特征，如是粗糙、光滑还是柔软、坚实。在画面中如果能够充分展现这些特征，那么主体的特性将显得更加突出，如图 2-2-31、图 2-2-32 所示。

图 2-2-31　鲜香菇光滑的质感

图 2-2-32　干香菇粗糙的质感

（3）影调配置要突出主体。

在拍摄时，为保证主体在画面上所形成的影调、色调，布景时可以通过所搭配的道具衬托和铺垫出主体形象的清晰、完整，如图 2-2-33、图 2-2-34 所示。

图 2-2-33　整齐感黑豆图　　　　　　　　图 2-2-34　随意感黑豆图

任务实施

选择合适的布光方式

在商品拍摄时，可以根据商品的特点及拍摄环境的不同，采用不同的布光方式。即使拍摄环境再简陋，通过合理的布光，也能得到好的商品拍摄效果。

步骤1　单灯布光

在商品拍摄中，单灯布光的方式比较常用，将商品放在静物摄影台上，高位打着带有柔光板的照明灯。对于吸光的小型商品拍摄，单光的布光方式基本上能够满足需求，如图2-2-35所示。

图 2-2-35　单灯布光

使用单灯布光时，最好采用前侧光、顶光、侧逆光进行照明，若只有一盏灯而没有辅助光，被摄物体阴影部分往往影调太暗，要想使被摄物体阴影部分保留必要的细节，可以使用反光板或反光伞，将部分光线反射到被摄物体的阴影面，使阴影面也具有一定的亮度，起到辅助照明的作用。

反光伞照明能够产生均匀的光线，同时带有柔和的阴影，使强光部分不太亮，阴影部分比较亮。反光伞可以投射一种非常宽的光，使用起来方便快捷，在放置主灯的大致位置装好反光伞就可以了。

步骤2　双灯布光

双灯布光可以更好地表现商品的立体感和层次感，适合结构复杂的商品。双灯布光的常用方式是，一盏灯作为主光，采取前侧光、侧光或侧逆光照明，而将另一盏灯作为辅助光。背景可以借助主光和辅助光的余光得到一些照明，呈现合适的影调。如图2-2-36所示，对透光体商品的拍摄，主光灯放置在商品后方，双灯布光采用侧逆光照明，辅助灯放置在相机的旁边，从正常高度照亮物体正面。这种布光方

图 2-2-36　双灯布光

式非常适合拍摄透明的物体，用于突出晶莹剔透的商品材质。

步骤3　三灯布光

三灯布光，可以有很多种布光方式，更有利于展现商品真实的质感和色彩。

在布光时，首先要决定主光的位置，主光用于塑造商品的形态和画面整体的影调，通过观察光在商品上的投射情况来确定主光的位置；其次再确定辅助光的位置，并调整光强度，辅助光用于调整暗部的亮度，减弱投影的影响，辅助光亮度要低于主光；最后再根据拍摄需求，设置背景光或轮廓光。如图2-2-37所示布光图为主光+辅助光+背景光的布光方式。

步骤4　多灯布光

多灯布光，可以适用各种拍摄场景的需求，但对拍摄者的技术水平要求比较高，要了解各种光型的应用，并能合理地搭配使用。通常来说，多灯布光是将主灯与辅助灯、轮廓灯、背景灯、装饰灯等其他光型配合使用，用于满足复杂场景的拍摄需求。在多灯环境下，按照光线的主次顺序进行灯光的布置，确定主光灯后，依次设置其他灯光，并逐渐调亮各灯的亮度，避免出现光线的相互干扰，以保证拍摄出效果出色的照片，如图2-2-38所示。

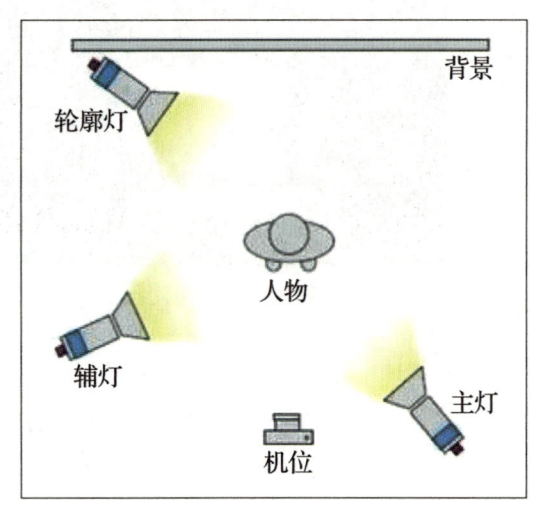

图 2-2-37　三灯布光　　　　　图 2-2-38　多灯布光

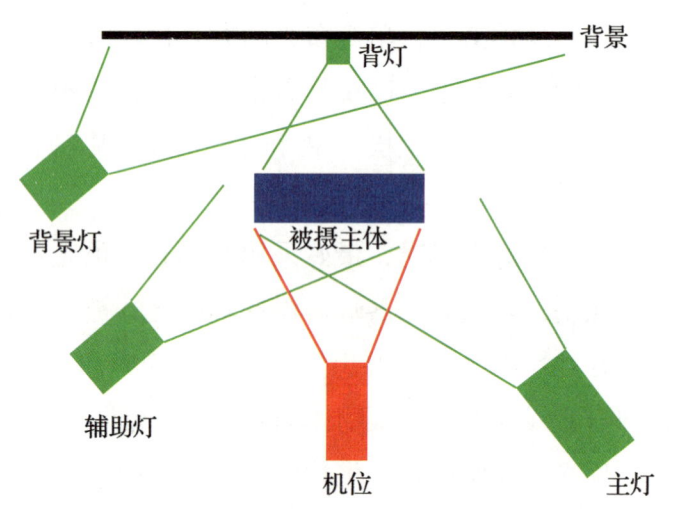

步骤5　包围布光法

包围布光法是指除照相机镜头开孔之外，用一个亮棚将被摄物体包围起来，然后在亮棚的外边进行布光，亮棚可以是封闭的，也可以是半封闭的。包围布光法所用的亮棚可以用白纸或白色织物做成，用透明的支架，如有机玻璃棒或尼龙绳等加以固定。亮棚可以全封闭，也可以半封闭，亮棚里可以配套使用不同颜色的背景布。

包围布光法的光照柔和、均匀，适合拍摄各种镜面反光商品，如不锈钢制品、金银首饰、手表、数码产品等，能够很好地消除光斑和阴影。拍摄时，将商品放置在亮棚内，照明灯布置在亮棚外，使亮棚内的光线均匀、柔和。

项目二 网店商品拍摄 | 33

举一反三

现需要拍一些贝贝南瓜的宣传效果图,你作为实习摄影师小组成员,请同学们合作使用相机或手机进行拍摄,注意选择合适的构图与布光进行拍摄,学会灵活运用本节课所学的构图布光技巧进行拍摄。

任务评价

评价项目	自我评价（20%）	小组评价（30%）	教师评价（50%）
商品图片构图方式（20分）			
商品布光方法（20分）			
商品布光效果（20分）			
商品图片整体效果（20分）			
商品图片创意设计（20分）			
综合评价			

任务三 掌握商品拍摄的流程

任务导入

小雅是一家淘宝店铺的实习美工,近期店铺老板打算上架一批新品,现在店铺的运营经理安排小雅的师傅带领小雅一起完成样品的拍摄工作,小雅十分开心自己有新的任务可以做了,于是自告奋勇并独立拍摄了一些样片让师傅查看,但是师傅却评价小雅拍摄的图片没有把握好商品的特点,而且商品拍摄的风格也与商品不搭,没有突出商品的特征,并要求小雅在拍摄商品前做好相应的规划。小雅有些苦恼了,商品拍摄前应该怎样做好规划呢?

任务分析

网店商品拍摄首先要明确需要拍摄的商品种类、数量、特点以及风格和用途，其次制订好完备的拍摄计划表，准备好合适的相机、镜头、灯光设备、背景灯，设计构图和布光，最后进行商品的拍摄与后期处理。

知识链接

如何进行商品拍摄

一、确定拍摄风格和拍摄方案

1. 确定拍摄风格

商品的类型、材质、功能的不同，拍摄的风格也有所不同。拍摄之前，要构思好画面的拍摄风格，确定主体和陪体的布局，还有道具与背景的搭配运用及灯光的布局。

对于家电类商品，需要突出体现商品功能，展示商品的内部结构，说明商品使用效果，并辅助真人秀实景拍摄进行商品展示，采用纯色背景布拍摄，风格偏向于冷色调的科技感。

对于箱包类商品，需要突出展示商品形状、商品颜色、商品材质、尺寸对比、商品内部结构、安全性说明等，采用纯色背景布拍摄，风格偏向于温暖、时尚、休闲，搭配真人实拍场景图片。

2. 确定拍摄套数和内容

商品拍摄的风格确立后，需要确定拍摄的具体内容和套图数量。拍摄商品的图片，应该根据商品的表面和内部结构的特点，以及需要展示的局部细节，来确定商品需要拍摄的内容，同时确定拍摄的张数。拍摄时应分配好套图的数量组合，包括主图数量、大图数量、小图数量、细节图片数量等。

3. 划分商品分类

确定拍摄风格后，还需要把商品进行细致的分类，如果没有对商品进行分类就开始拍摄，可能会导致拍摄过程中临时更换背景、道具、灯光及辅助器材等，耽误工作进度、浪费时间。

4. 计划拍摄内容

根据划分的商品类别计划好拍摄内容。计划要完整、周密，防止遗漏拍摄内容带来的二次拍摄，耗费人力、物力。

根据商品的表面信息、内部结构特点及需要展示的局部细节来确定商品的拍摄内容。同时计划好商品的拍摄张数，分配好商品套图的数量组合，包括主图数量、大图数量、小图数量、细节图数量等。例如，一款女式红色方形皮质挎包，拍摄时不但需要考虑到各个方位的视角，还要体现皮质的特写以及包内结构的展示。

5. 规划拍摄顺序

确定拍摄风格、分类、内容后，列出详细的拍摄顺序。合理的拍摄顺序可以让整个拍摄工作顺畅、高效。反之，随意穿插交替地拍摄会使拍摄者疲劳。

拍摄顺序是有规律可循的，如果是多款商品，需从同类商品开始拍摄；如果是一款商品，则从场景最简单、最容易操作且最容易表现的方式开始，然后再进行搭配复杂、需要用辅助器材才能完成的拍摄，循序渐进。例如，拍摄一款男式蓝色运动鞋，可先拍摄白背景下的照片，再拍摄模特穿着此款运动鞋跑步的场景。

二、选择合适的摄影器材

开拍之前，拍摄者需要准备好拍摄中用到的所有器材，如相机、三脚架、照明灯、快门线、存储卡、背景布、柔光箱、反光板等（见表2-3-1），并检查是否缺少或损坏，以保证拍摄的顺利完成。对于常用辅助器材，如柔光箱、反光板等可多配几个，以备不时之需。

表 2-3-1 商品拍摄设备表

相机：拍摄商品的主题材	三脚架：稳定相机，防止抖动	柔光箱：柔化生硬的光线
快门线：控制相机快门	照明灯：提供稳定光源	反光板：改善拍摄光线

任务实施

拍摄前期全面了解商品的特点

步骤1 了解商品的外观和包装

商品的外观包括形状、尺寸、颜色、透明度等。拍摄前，需要对商品的外观和包装进行认真的观察与分析，便于拍摄时选择合适的构图、环境、灯光及拍摄方位，从而完美地展示商品，如图 2-3-1 所示。

图 2-3-1　商品的外观和包装

步骤 2　了解商品的功能

商品的功能是商品能够给使用者带来的用处和用途。通过图片展示商品功能时，需要详细了解商品的功能特点，并根据功能特色搭配道具，选择拍摄区域，再进行商品细节图片的拍摄。

步骤 3　了解商品的材质

商品的材质在消费者选择商品时起着决定性作用。当今人们追求健康、环保，在选择商品时，都非常重视商品的材质是否达标、环保。因此，在拍摄时，可以通过光泽、纹理体现商品的质感，以表现材质的优良，如图 2-3-2 所示。

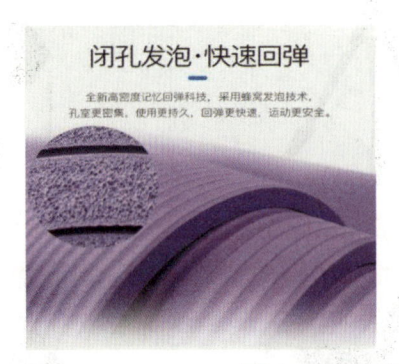

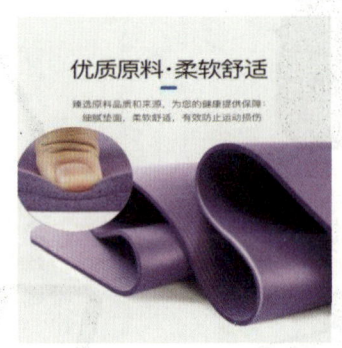

图 2-3-2　商品的材质

步骤 4　制订拍摄计划表

制订商品拍摄计划时首先要明确拍摄要求，再制订详细的拍摄计划，见表 2-3-2。

表 2-3-2　商品拍摄计划表

商品名称						
拍摄内容	拍摄要求		拍摄环境		张数	拍摄时间
	拍摄角度	拍摄高度	棚内	外景		
正面图						
侧面图						
背面图						
底图						

续表

商品名称						
拍摄内容	拍摄要求		拍摄环境		张数	拍摄时间
	拍摄角度	拍摄高度	棚内	外景		
商品实物对比图						
全家福						
商品尺寸对照拍摄						
商品内部结构图						
商品包装图						
配件图						
局部细节特写						
商品吊牌						
商品组合拍摄						
模特拍摄图						
商品特色写真						

举一反三

某网店要上架一批数码相机，请同学们制订商品拍摄计划，拍摄出符合网店需求的图片，实施流程如图2-3-3所示。

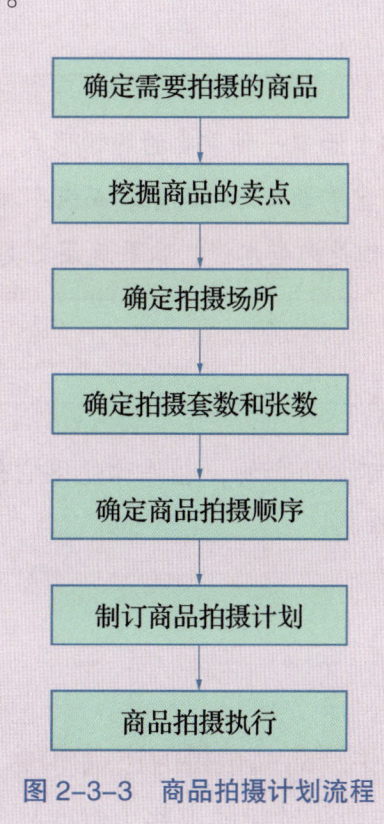

确定需要拍摄的商品
↓
挖掘商品的卖点
↓
确定拍摄场所
↓
确定拍摄套数和张数
↓
确定商品拍摄顺序
↓
制订商品拍摄计划
↓
商品拍摄执行

图 2-3-3　商品拍摄计划流程

任务评价

评价项目	自我评价（20%）	小组评价（30%）	教师评价（50%）
商品拍摄方案（20分）			
商品拍摄内容（20分）			
商品拍摄风格（20分）			
商品图片拍摄计划（20分）			
商品图片拍摄实施（20分）			
综合评价			

任务四 生鲜果蔬类产品拍摄

任务导入

现如今，网购已经成为人们生活中一种重要的购物形式。网上商品齐全，选择较多，关键是可以货比多家，能找到既便宜质量又好的那家。而吸引顾客更多眼球的那些商品，特别是生鲜商品卖的就是"鲜"字，但是肉蛋水产、瓜果蔬菜之类的商品该如何拍摄出鲜呢？

任务分析

水果蔬菜是我们每天必不可少的食物，也许你觉得它们平淡无奇，但只要找到合适的拍摄方法，同样可以拍出佳作。

知识链接

生鲜商品拍摄的注意事项

吸引顾客眼球从而达到勾起购买欲望的那些生鲜商品，拍摄时除了后期图片修得好，前期拍摄出高端大气上档次的照片也功不可没。那么，在拍摄前期准备上，我们得下一番功夫。

1. 全面了解商品

生鲜果蔬类商品在捕捞养殖、生产加工、运输储存和包装售卖等过程都有严格卫生安全要求，首先要对拍摄的商品进行一个全方位的了解和分析，包括属性、新鲜度、形状、颜色等；其次要熟悉商品的使用方法，在拍摄过程中通过搭配道具和选择拍摄视角来传达出商品的亮点；最后在拍摄和处理商品照片时，通过颜色、光泽、纹理和说明文字等体现商品以增加消费者的信任感，如图2-4-1所示。

图2-4-1　生鲜商品信息

2. 拍摄器材准备

生鲜类商品拍摄需要准备的设备器材可简可繁，根据实际情况而定，最基本的器材和设备，如图2-4-2所示。

（a）　　　　　　　（b）　　　　　　　（c）

（d）　　　　　　　（e）　　　　　　　（f）

图2-4-2　拍摄器材

（a）相机；（b）微距镜头；（c）摆台和柔光箱；
（d）反光板；（e）柔光灯；（f）摆盘

3. 布光技巧

生鲜果蔬类商品需要颜色饱满、细节明显，才会刺激买家食欲产生购买的欲望。如果拍出来的产品色彩黯淡，没有人愿意在这样的照片上多停留一秒钟，所以拍摄生鲜时布光很重要。

（1）柔光拍摄高反光率物体。对于反光率较高的物体，如金属、玻璃、水面等，使用柔光拍摄避免因反光影响画面效果，还突出了被摄体的特点。拍摄玻璃制品时，拍摄者可利用窗外照射进来的柔和光线拍摄，突出主体的质感。同时，横幅的构图方式，增强了画面的透视感，如图 2-4-3 所示。

图 2-4-3　柔光效果

（2）硬光突显商品立体感。硬光拍摄的物体都具有明显的阴影，被摄体有明显的背光面和受光面，获取的画面明暗反差较大，对比强烈。利用这样的效果拍摄粗糙木制品时，能够将物体的质感很好地表现出来，同时突显被摄体的立体感，色彩也得到了真实呈现，如图 2-4-4 所示。

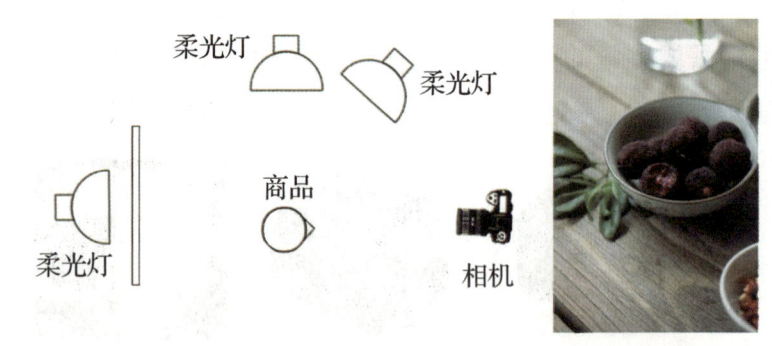

图 2-4-4　硬光效果

（3）巧妙打光突显金属质感。金属表面容易反光，而且会把周围环境中的物体反映到金属表面上，所以拍摄金属时一般都是在昏暗环境里操作，用全包围式或半包围式打光都能达到理想的效果。拍摄金属物品重在突显金属的质感与立体感，应根据金属色彩选择单一的背景，以便有效地突显主体，如图 2-4-5 所示。

图 2-4-5　金属质感布光

（4）逆光展现通透质感。逆光拍摄是将被摄体置于相机和光线中间的一种拍摄方式，比较难掌握光线，如图2-4-6所示。

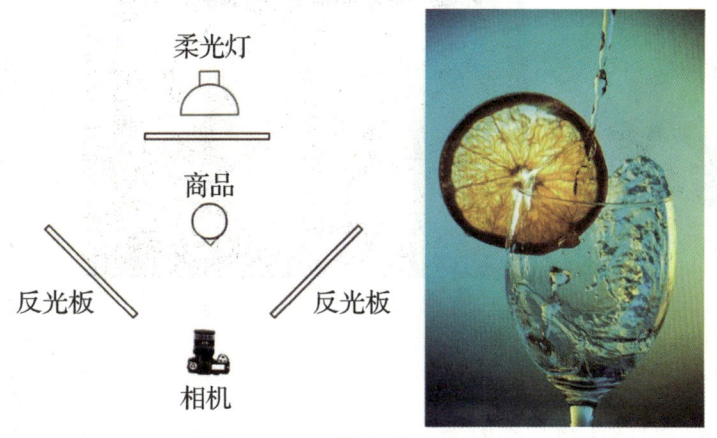

图2-4-6　逆光质感布光

任务实施

生鲜果蔬类商品拍摄执行

步骤1　选择合适构图方式

密不透风构图法，是拍摄水果或蔬菜时常用的构图方式。利用此种构图拍摄时，建议使用侧光，从而形成一定的明暗对比，并让照片具有一定变化。光影以及蔬菜叶子或者水果形态的变化与密不透风构图形成的规律感、一致性产生了冲突与对比，从而表现出画面美感，如图2-4-7所示。

图2-4-7　密不透风构图法

框式构图，可以突出主体，并形成一定的形式感、几何感。不妨将它们都放在木框、编织篮里（也可选用其他道具），从而利用篮筐形成框。需要注意的是，长方体的篮筐建议构图时尽量横平竖直。各位可以开启相机的网格线功能进行辅助，如图 2-4-8 所示。

图 2-4-8　框式构图法

斜线构图让画面更自然，如果刻意将水果或蔬菜摆得横平竖直，那么自然会形成一定的形式美感。但这样的照片拍多了之后，就会感觉有些做作，并且太过刻意。此时就可以采用斜线构图，斜着摆放从而让照片看起来更随意自然，如图 2-4-9 所示。

图 2-4-9　斜线构图法

黄金分割构图法，将主体放在黄金分割点上拍摄，可以让其更突出，并且画面看起来也不会很呆板，相信这是大家用得最多的构图方法。但这里要强调的是，在使用黄金分割法构图时，很容易出现画面失重的情况。所以最好像图 2-4-10 这样，在画面的另一边加入陪体，以平衡画面的视觉重量。

图 2-4-10　黄金分割构图法

步骤 2　生鲜果蔬类配色思路

虽然"红配绿"被认为是很土的配色方式，但只要恰当运用鲜明的色彩对比，就能表现出水果和蔬菜鲜明的色彩感。注意红色与绿色一定要有主色调，而不要平均分布在画面中。

除了红与绿，蓝与黄或者冷色与暖色的对比也可以具有更强的视觉冲击力，如图2-4-11所示。

图 2-4-11　色彩对比效果

大家可能都听说过"色不过三"，其实就是通过控制色彩数量来避免画面杂乱。但摄影作为一种艺术，通过走极端的方式，让色彩缤纷起来，也能给人们带来独特的视觉感受。所以要不然色不过三，要不然就五颜六色，色彩非常丰富，虽然看上去不够简洁，却通过缤纷的色彩让人的心情也变得多彩起来，如图2-4-12所示。

图 2-4-12　多色摆放效果

刚说到"色不过三"，统一画面色彩其实完全可以做得更极致一些，只突出一种主色调。在拍摄时，选择与蔬菜颜色相仿的背景，从而让照片呈现一种极简风格。同样，仍然利用和谐色的思路，寻找一些颜色相近的陪体加入画面中，使照片既有丰富的元素，又浑然一体，不显凌乱，如图2-4-13所示。

图 2-4-13　统一色调效果

步骤3　创新拍摄方式

"外表"拍多了自然很难拍出新意,将外皮剥开拍摄它的内里,形成了节奏与韵律的变化,既有趣,又充满创意,如图 2-4-14 所示。

图 2-4-14　拍摄内部效果

为商品找几个长相差异较大的同类摆成一排,既拍出了形式感,又有一定的趣味性,如图 2-4-15 所示。

图 2-4-15　"兄弟"造型效果

拍摄具有很强的视觉冲击力落水照片,但对拍摄条件和技巧的要求也较高,如图 2-4-16 所示。

图 2-4-16　落水效果

步骤4　生鲜果蔬类图片后期整理

1. 一定要突出商品卖点

网店通过图片把产品展现到客户面前,但是主图并不是仅仅要求美观即可,更主要的是要表达商品的关键信息，也就是我们说的产品卖点。简单来说就是要与你的主关键词和进店的流量最大的关键词一致。比如说主关键词或大流量词是"软糯贝贝南瓜"，那就应该直接在主图上表明这个南瓜的特点，可以用文字传达，也可以直接在图片上展示对比参照，这样客户一看图片就知道是新鲜软糯的南瓜，如图2-4-17所示。

图 2-4-17 突出商品卖点

2. 产品要突出

主图的目的是把商品销售出去，获得利润。如果我们在主图上表达买家正想购买的商品需求或者特性，那么点击率大概率不会低。图片中产品主体一定要明显突出，让买家一眼就看明白你卖的是什么产品。主图简单清晰，不要喧宾夺主，让买家看了主图以后能清楚了解产品的主要功能，这样就可以了，如图2-4-18所示。

图 2-4-18 突出商品主题

3. 图片上的文字很重要

对于主图，文案是不可或缺的，首先要分析买家的需求，把最重要的卖点文字以显眼的方式展示在主图上。把握客户是追求特价、实用还是个性，主图文案就不会出大错，避免无价值的文案出现在主图上。主图上的文字尽量少，不要超过整张主图占比的10%。因为现在的流量以手机端流量为主，由于手机屏幕大小的问题，主图上的文字千万不要过小，过小的话在手机端展示时可能导致无法看清楚文字。

4. 主图的尺寸

其实这是一个基础问题，很多人对于主图尺寸的认识是有误区的。淘宝主图尺寸是正方形的，如果制作时主图尺寸不是方形的，那么在展示时，淘宝会自动将它处理成方形展示，所以就会导致变形。主图尺寸为 800 像素 ×800 像素以上的图片，可以在宝贝详情页提供图片放大功能，因此大部分卖家主图尺寸会使用 800 像素 ×800 像素。

5. 注意主图细节的拍摄

（1）5 张商品主图尽量色调统一；图片尽量不要有边框，尽量不要将多张图拼在一起，一张图片只反映一方面内容；不要有太多的宣传文案，避免"牛皮癣"。

（2）一定注意图片细节的拍摄，细节是网购买家最想要了解的。

（3）5 张主图的排列一般为场景图、卖点图、正面图、背面图、侧面图或者细节图。

（4）主图优化时，必须平衡好尺寸、清晰度和打开速度三者之间的关系，也要根据手机端的页面特点将商品优势、活动促销等有效地突出。因为手机型号及手机屏幕尺寸不同，在看图片效果时，可以多用几款使用率较高的、不同品牌和型号的手机进行测试，尽量做出最好的展示效果。

当然，所有的主图都不可能做到让人人都喜欢，我们也没有必要顾及所有客户，我们只要做到我们的主图被精准客户人群所喜欢就够了，所以在制作主图时避免听取多方意见。

举一反三

请你选择一种生活中常见的生鲜果蔬，使用相机或者手机拍摄一组生鲜主图片，并使用 Photoshop 将图片进行文案修饰，并在课堂上展示分享一下。

任务评价

评价项目	自我评价（20%）	小组评价（30%）	教师评价（50%）
商品图片清晰度（20 分）			
商品图片尺寸大小（20 分）			
商品图片风格（20 分）			
商品图片处理效果（20 分）			
商品图片创意设计（20 分）			
综合评价			

素养视窗

党的二十大报告指出:"中国式现代化是物质文明和精神文明相协调的现代化。"一个社会的诚信文化建设,直接反映了精神文明建设的水平。面对当前世界百年未有之大变局,面对以中国式现代化实现中华民族伟大复兴的使命任务,面对构建高水平社会主义市场经济体制的新要求,我们迫切需要进一步夯实社会诚信基石,推进新时代的诚信文化建设。

本项目以培养工匠精神和诚实守信的职业道德为德育目标,以符合岗位流程的工作案例为学习进程,以学生专业素养提升为榜样效果,特别需要同学们注意的是商品图片的拍摄与处理一定要真实客观、实事求是,网店拍摄摄影师应该带着真实、客观的态度去拍摄。

在进行拍摄时要从多个角度来展现商品,主观上不刻意回避商品存在的一些瑕疵。在学习并具备了一定的拍摄、用光、构图经验技巧后,应结合大量的实践进行拍摄,实践出真知。

项目三

合理运用网店装修核心要素

项目简介

随着电子商务的不断发展，网店美工相关岗位的人才缺口逐渐加大，对相关从业人员的要求也越来越高。想要完成网店美工的相关学习，我们首先需要了解网店装修核心要素：色彩搭配、页面布局以及美工文案编辑。通过拍摄获取商品图片、收集和处理店铺装修素材之后，了解色彩的基础知识、网店的布局和常用页面布局样式，掌握文字在网店中的运用、排列，以高表现力的文字为网店加分。

学习目标

知识目标

1. 学会如何对网店页面进行配色，熟知常用的配色方法和技巧。
2. 了解页面布局的组成因素和布局方式，学会使用布局来突出页面的层次感和主次感。
3. 掌握文案设计和编辑的方法。

能力目标

1. 能够完成网店配色，设计具有层次感的页面。
2. 能够打造具有高表现力的文案，并能利用文字营造特定的氛围。

素质目标

1. 提升学生的美学、文学素养。
2. 培养学生在设计岗位中遵守法律法规的意识。

任务一 色彩搭配

任务导入

小雅的农产品网店想进行店铺装修，首先需要确定的就是店铺的色彩搭配。而色彩的运用是一门技术活，也是作为网店美工岗位必备的技能。

任务分析

想要掌握色彩的搭配，就要先了解色彩运用中色彩的原理、色彩的分类、色彩的搭配、色彩的挑选。

知识链接

认识色彩搭配

一、色彩的原理

在现实生活中人们见到的各种颜色是人们对不同频率光的感知，如红红的苹果、碧蓝的天空、青翠的小草。可以这样说，色彩源于光线，没有光线就没有色彩，它既有其客观属性又与人眼的构造有密切联系。自然界中绝大部分的可见光可以用红、绿、蓝3种光（见图3-1-1）按照不同的比例和强度混合表示，将它们混合在一起可以搭配出各种各样的色彩，如青、黄、紫等。

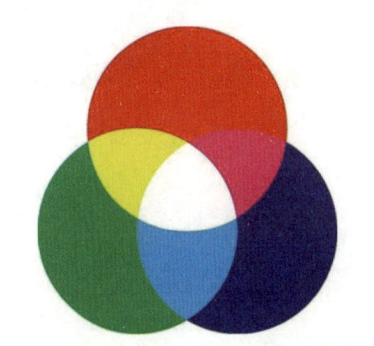

图3-1-1 红、绿、蓝三种光

二、色彩的分类

根据人们的日常生活习惯，可以将色彩分为无彩色和有彩色两个类别。

1.无彩色

无彩色是指黑色、白色和不同深浅的灰色。从物理学的角度来讲，黑白灰不包括在可见光的范围内，因此不能叫作色彩，但在心理学上它们都有着完全的色彩属性。无彩色的颜色只有明度的变化，这里所说的灰色可以理解为由黑色与白色混合的各种明暗层次的颜色。把所有无彩色的颜色概括起来，可得到按比例变化的具有不同明度层次的颜色，从明度最高的白色开始,按逆时针方向依次可命名为白、亮灰、浅灰、亮中灰、中灰、灰、暗灰、黑灰、黑等,如图3-1-2所示。无彩色的页面简单明了,色彩过渡自然,如图3-1-3所示。

图3-1-2　无彩色的色彩变化

图3-1-3　无彩色的商品页面

2. 有彩色

有彩色是指带有某种标准色倾向的颜色,光谱中的色彩都属于有彩色。有彩色也有无数种,它以红、橙、黄、绿、蓝、紫为基本色,如图3-1-4所示。基本色之间不同的混合,以及基本色与黑、白、灰3种无彩色之间不同量的混合,会产生成千上万种彩色。网店中大部分商品图片都是有彩色的,图3-1-5所示为有彩色的商品页面。

图3-1-4　有彩色的基本色

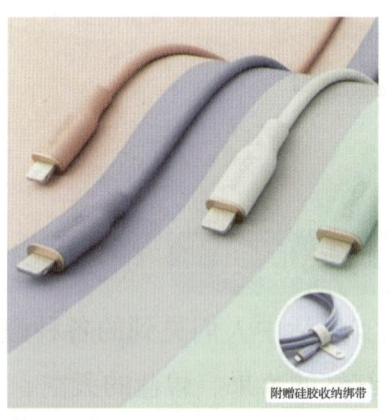

图3-1-5　有彩色的商品页面

任务实施

色彩搭配与选择

步骤1　掌握色彩的搭配

色彩搭配是建立在对色彩对比的认知之上的艺术。网店美工通过对不同色彩的组合运用,可以增大或者减小色彩间的对比差异,使店铺呈现出多样化的视觉效果,从而吸引消费者的关注。下面对不同色系的应用领域和搭配方法进行具体介绍。

白色系: 白色为全光色,是光明的象征色。在网店设计中,白色具有高级的意象,通常需要和其他颜色搭配使用。纯白色会带给人寒冷、严峻的感觉,所以大多使用混合了一些其他色彩的白色,如象牙白、米白、乳白、苹果白等。另外,在同时运用了几种色彩的页面中,白色和黑色可以说是最显眼的颜色。白色常用于具有明亮、洁净感觉的商品中,如结婚用品、卫生用品等，图 3-1-6 所示为将白色系应用于卫生用品网店的效果。

黑色系：在网店设计中，黑色给人高贵、稳重的感觉，是许多科技商品的常用色，如电视、摄影机、音箱等。生活用品和服饰用品设计大多利用黑色来塑造高贵的形象，它也是一种流行的主要颜色。黑色的色彩搭配适应性非常广，大多数颜色与黑色搭配后都能产生鲜明、华丽、赏心悦目的效果。图 3-1-7 所示为将黑色系应用于数码产品网店的效果。

图 3-1-6　白色系用于卫生用品网店的效果 　　　　图 3-1-7　黑色系用于数码产品网店的效果

绿色系：绿色具有一定的与健康相关的意象，所以经常用于与健康相关的网店。绿色还经常用于某些公司的公关站点或教育站点。当绿色和白色搭配使用时，可以得到自然的感觉；当绿色和红色搭配使用时，可以得到鲜明且丰富的感觉。同时，一些色彩专家和医疗专家们提出绿色可以适当缓解眼部疲劳，为耐看色之一。当然，绿色作为大自然的颜色，也多用于农产品网店的装修中。图 3-1-8 所示为将绿色系用于农产品网店的效果。

蓝色系：高彩度的蓝色会让人有一种整洁轻快的印象，低彩度的蓝色会给人一种都市化的现代派印象。主色选择明亮的蓝色，配以白色的背景和灰色的辅助色，可以使网店看起来干净而简洁，给人庄重、充实的印象。蓝色、青绿色、白色的搭配可以使页面看起来非常明亮清澈。图 3-1-9 所示为将蓝色系用于日化网店的效果。

图 3-1-8　绿色系用于农产品网店的效果 　　　　图 3-1-9　蓝色系用于日化网店的效果

红色系：红色是强有力的、喜庆的色彩，给人热情、活力的感觉。高亮度的红色与灰色、黑色等无彩色搭配使用，可以得到现代且激进的感觉。低亮度的红色具有沉着冷静的感觉，可以营造出古典的氛围。在商品的促销活动中，红色可以起到强调作用，以促进商品的销售。图3-1-10所示为将红色系应用于婚礼用品网店的效果。

图 3-1-10　红色系用于婚礼用品网店的效果

步骤 2　学会色彩的挑选

网店的颜色对于网店的表现效果具有非常重大的影响，在设计的时候一定要挑选合适的颜色。而每种颜色都有其独特的性质，因此什么时候、什么类目用什么颜色成为一个网店经营成功与否的关键。要把网店经营好，在色彩的挑选和搭配上必须遵守一些基本的配色原则。图3-1-11为山东某农产品网店首页图，我们将以此图为例进行分析。

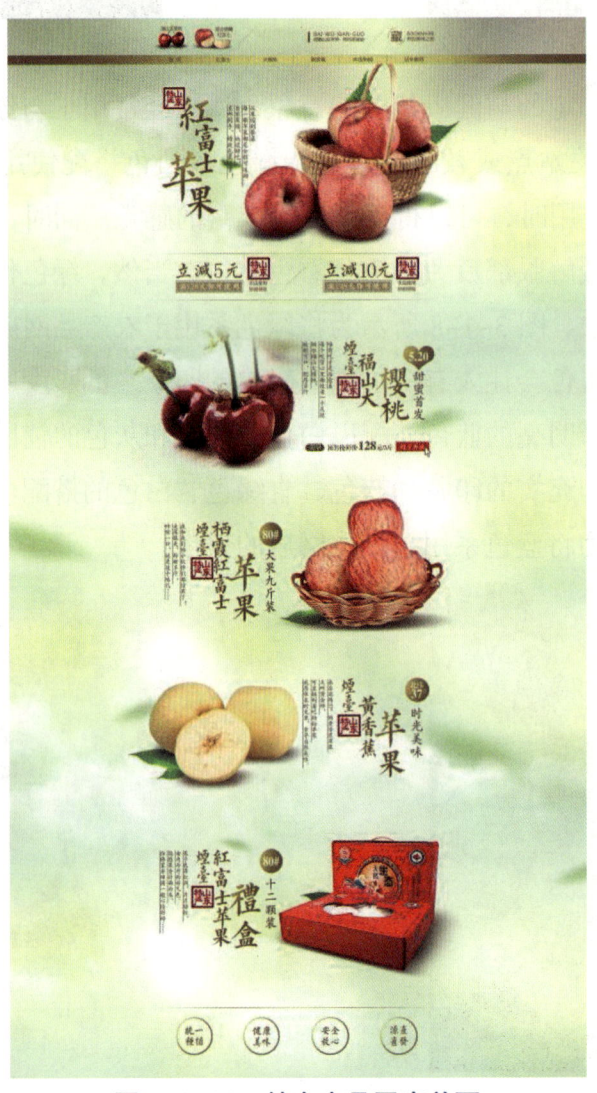

图 3-1-11　某农产品网店首页

主色调不超过三种： 应根据网店的内容需求，选择合适的主色调。在网店的主色调使用中不要将所有的颜色都用到，尽量控制在三种色彩以内。过多的色彩，会使人产生杂乱无章的感觉。该模板为了凸显温馨风格从而选择以绿色为主色调。

与主营类目相适应： 主营类目也就是我们的商品类型，我们对不同商品的认识，导致我们对不同的商品有不一样的心理印象，与商品类型相适应的颜色则能加强我们的这种心理印象。在我们的印象中购买本土农产品是一种健康的生活习惯，所以农产品网店都喜欢以绿色为主色调，用绿色来突出健康的特性。

与目标对象相适应： 目标对象即是购买该商品的顾客。网店的配色要与目标对象相适应，要去分析目标顾客的喜好。比如，农产品中，我们就要根据消费者的心理来对店铺进行颜色搭配，一般会使用绿色、黄色、暖色调的颜色营造健康、绿色、拥抱大地的氛围。

与季节、活动、节日相适应： 网页需根据季节、活动、节日的不同，使用不同的主色调。例如，春天和夏天我们常使用绿色；秋天则用黄色比较多；冬天会用红色或黄色等比较暖的色调。"520"这样的活动日子则适合用粉色；春节期间网店页面常使用红色营造喜庆的氛围。

慎用过于艳丽的颜色： 过于艳丽的颜色比较刺眼，人看久了会产生视觉疲劳，甚至会产生反感。过于艳丽的颜色要少用，如果一定要使用艳丽的颜色来刺激顾客眼球，那么要注意这样的颜色的面积不能过大。

注意背景与文字颜色的对比： 要注意图片背景与文案文字之间的颜色对比，当背景颜色是绿色，而选择同类色作为文字的颜色时，两色之间对比不明显，看清文字比较费力；而选择对比色红色作为文字的颜色时，两色对比明显，但太刺眼，看久了会使眼睛过于疲劳。如果选取邻近色作为文字的颜色，颜色将相对缓和也很清晰。

举一反三

小雅的农产品店铺本季主打贝贝南瓜，怎样才能搭配出符合小雅店铺需求的颜色？

任务评价

评价项目	自我评价（20%）	小组互评（30%）	教师评价（50%）
针对客户要求进行设计（40分）			
主色调选择（20分）			
色彩搭配（20分）			
表达与交流（20分）			
综合评价			

任务二　页面布局

任务导入

小雅的农产品网店进行店铺装修，明确了店铺的色彩搭配后，就要对网店的页面布局进行整体设计。

任务分析

在本任务中，我们将了解和分析常见的网页布局样式、详情页设计方法，分析网页布局规划，培养网店布局意识，为后续装修网店做准备。

知识链接

网店的页面布局

网店的页面布局是指如何呈现消费者在网店中能够浏览到的所有页面，主要包括首页和详情页。优质的首页布局能够体现出店铺特色，吸引消费者关注。首页一般由页头、页中和页尾3部分组成。

任务实施

页面布局的整体设计

一、初识页面布局

下面以图3-2-1所示某店铺首页图为例分别进行介绍。

步骤1　认识页头

页头是店铺首页的顶部，主要包括店招和导航部分。

店招部分包括店铺名或品牌名、标语、收藏信息、活动信息和优惠信息等；而导航部分则以热门商品、主推商品和热门搜索为主。

项目三　合理运用网店装修核心要素

页头 —— 店招及导航

轮播图

活动导航

页中

主推商品展区

客服区

商品展示区

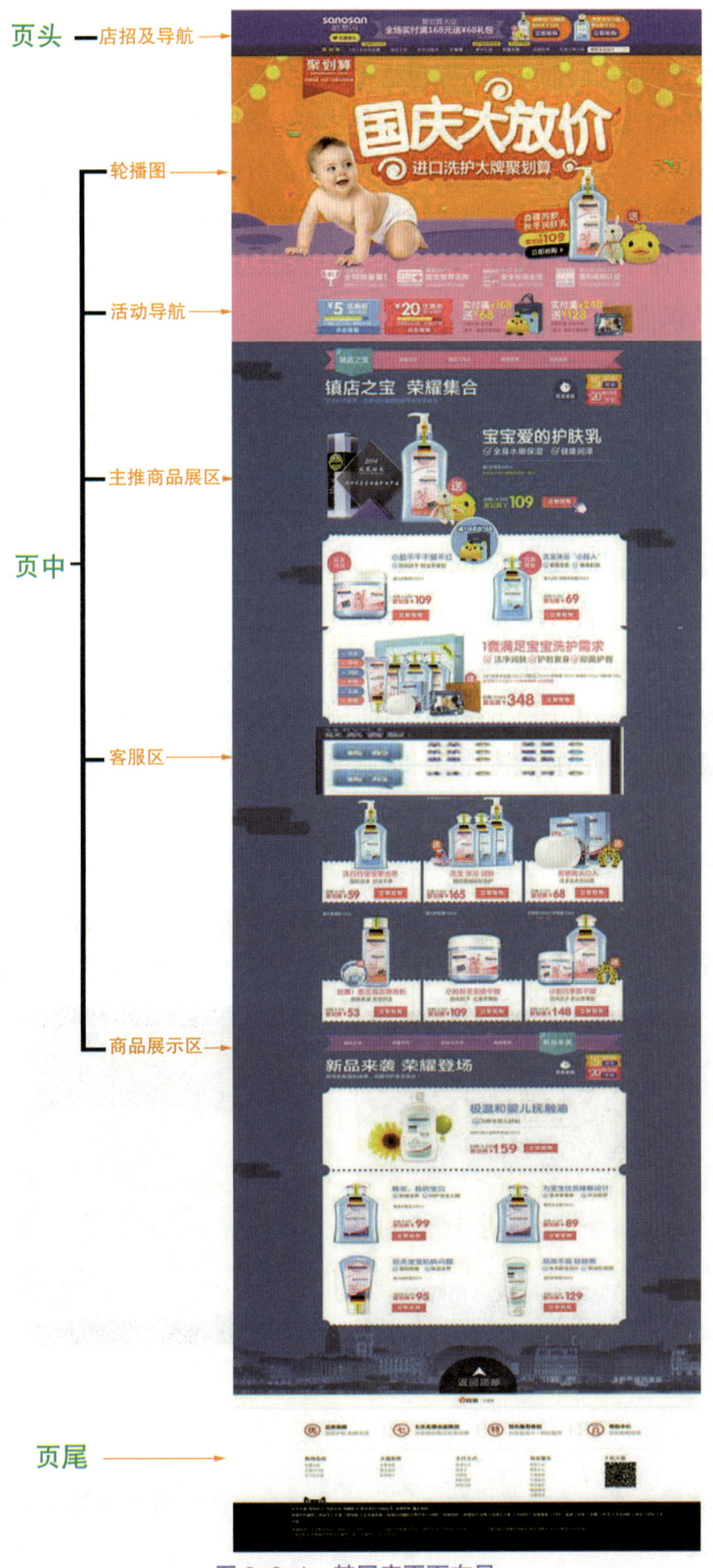

页尾

图 3-2-1　某网店页面布局

步骤 2　认识页中

页中是店铺首页的中间部分，主要包括首焦、优惠活动、分类导航、主推商品和商品展示区等。其中首焦指首屏的海报或轮播图，具体根据店铺当下的活动来确定；优惠活动则包括优惠券和优惠信息；分类导航指主推导航和商品的分类导航；主推商品和商品展示区用于刊登小篇幅海报和广告语等促销信息，或使用商品图片和突出价格等来凸显相关商品；而客服区就像是店铺中的导购，消费者可以实时联系店铺人员，咨询商品的相关问题。

步骤 3　认识页尾

页尾是店铺首页的底部，一般要求版面简洁，用语直接、专业。页尾的内容主要包括店铺声明、宣传语、品牌授权认证、返回首页和返回顶部等内容。也可以添加消保、售后服务、7 天无理由退换货、购物流程、联系方式等。

二、规划视觉流程图

步骤 1　竖向型网店布局分析

网店的装修布局要充分考虑顾客的视线关注范围和方向，也就是顾客的视觉流程，一般情况下顾客的视觉流程是由上至下对网店进行浏览的。根据此种视觉流程可进行竖向型的版面布局，因为根据竖向型的视觉流程设计的画面，能产生稳定感，条理更清晰，符合人们的阅读习惯，也是常见的网店布局样式之一。

步骤 2　曲线型网店布局分析

另一种比较常见的网页布局样式是曲线型的版面布局。曲线型的视觉流程是指画面的设计元素按照曲线的变化进行排列。如图 3-2-2 所示为两种不同的视觉流程。

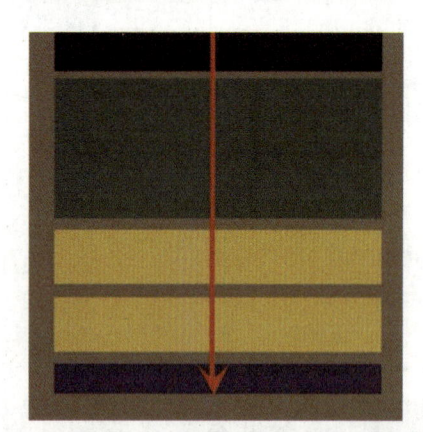

图 3-2-2　竖向型网店布局视觉流程图和曲线型网店布局视觉流程图

举一反三

自主上网搜索一家农产品网店和一家化妆品网店，并分别分析其网店布局设计和商品的详情页布局设计。

任务评价

评价项目	自我评价（20%）	小组互评（30%）	教师评价（50%）
能举例说明网店页面布局的基本模块（40分）			
会设计视觉流程图（30分）			
表达与交流（30分）			
综合评价			

任务三 美工文案编辑

任务导入

小雅的淘宝店需要上新产品——山东贝贝南瓜，小雅需要为此产品编辑文案，请你帮助小雅完成贝贝南瓜的文案策划。

相关信息说明如下：

产品卖点图尺寸：750像素×1 300像素；

产品主体：贝贝南瓜；

色调：以绿色+黄色色调为主。

任务分析

要为小雅的农产品网店中的贝贝南瓜策划文案，需要对产品进行分析，主要分析以下几个方面：①产品关键词；②产品卖点；③买家最关心；④核心卖点；⑤文案需要的图片支撑素材。

知识链接

文案的编辑

一、文案在网店中的作用

网店美工工作的最终目的是吸引消费者，这就需要向消费者传递商品、活动和服务的信息。图像与色彩的表达效果虽然直接而强烈，但是在信息传递上却有不足，这时文案就是最有力的支持。在设计中添加文字不仅能够清晰明白地表达信息，同时还能在情感引导上为图像和色彩提供帮助。

在网店美工的实际工作中，往往需要将图像和文字进行组合，从而达到更好的表现效果，如图3-3-1所示。文字在网店美工作品中的作用主要是介绍商品、渲染气氛、传达店铺信息等，激发消费者的购物欲望。网店中的文案不同于普通的描述性文字，需要通过简短的词句提升消费者的阅读体验，抓住消费者的关注要点，主要要点包括：

（1）彰显商品品质，突出商品卖点。
（2）告知消费商品细节，突显专业性。
（3）突出折扣、满减等促销信息，强调商品性价比。
（4）消除消费疑虑，增强消费信心。
（5）增强商品图片的可读性和排版的美观。

图3-3-1 商品文案排版

二、文案的策划

文案不只是在需要的地方添加对应的文字，更需要通过对文字的运用来引导消费者进行消费，从而达到营销目的，这就需要一个很明确的文案策划。网店经营中使用到的文案主要包括主图文案、详情页文案与品牌故事文案3种。主图文案决定消费者对商品的第一印象，需要一目了然，突出重点；详情页文案需要说服消费者，需要层层深入且全面介绍商品；品牌故事文案需要打动消费者，以情动人，令人信服。一般来说，可以从文案的受众群体、目的、主题和视觉表现来进行策划。

（1）文案的受众群体。编写文案前需掌握商品的目标群体，将目标群体需求与商品相结合，分析买卖旺季、相关行业行情、卖出商品行情等，分析数据来掌握文案的受众群体。

（2）文案的目的。文案不仅要清楚地表达商品的特点，还要达到促进销售、吸引消费者的目的。除此之外，文案还要能提高品牌的知名度，加深消费者对品牌的印象。因此，要先明确文案写作的目的，根据需要确定文案的写作方向。

（3）文案的主题。文案的主题主要有两个方面。一方面是商品的特点，该特点需要使用简单的词语表达出主题信息，以满足消费者的需求；另一方面要和消费者的实际利益挂钩，通过折扣、满减等促销信息吸引消费者。

（4）文案的视觉表现。有了文案写作目的和主题后，还需要怎样与图片进行融合，此时就需要文案有良好的视觉表现。常用的方法是改变字体颜色和粗细等。

任务实施

贝贝南瓜文案写作

步骤1　分析产品并准确表达

产品关键词为贝贝南瓜,通过和商家沟通得出贝贝南瓜的产品卖点,见表3-3-1。

表3-3-1　贝贝南瓜产品卖点

产品关键词	贝贝南瓜	
卖点	个头小巧,适合个人或小家庭食用	核心卖点: 味甜、低脂低热量、天然维生素、膳食纤维、有机、健康
	味道浓郁香甜	
	肉质细腻口感好	
	营养丰富	
	易于保存	
	吃法多样化	
买家最关心	食用方法是否方便	
	是否易于保存	
	是否有益于健康	
	来源是否绿色有机	

针对以上产品卖点,设计文案就更有针对性。那么怎样将产品卖点准确有效地传达给买家呢?

图片是简单直观的一种表达方式,这样就注定了美工文案不能像软文文案那样——铺垫、罗列产品的卖点,而是只能简洁地去表达出最直观、最特别、最具有优势的商品卖点,最好能直击消费者的痛点,让消费者毫不犹豫就决定点击进来看看。所以做图片时要把握好图片的标题,而且要适当调整字体的大小,以便突出该张图的标题。以图3-3-2为例,一般情况下可以制作该商品的主标题与副标题,比如图3-3-3所示,主标题是"为什么吃来自山东的贝贝南瓜",副标题是"富含天然维生素、膳食纤维以及南瓜多糖"。而南瓜周围环绕的几个卖点,进一步解释了贝贝南瓜具有哪些营养元素这一核心卖点。

图3-3-2　商品素材图　　　　　图3-3-3　文案设计图

步骤 2　为文案设计美观的排版

在网店中，消费者摸不到真实的商品，因此消费者能看到的图就是最大的说服力。美工的文案当以图片美观为前提。同一件商品，配上同样的文字，但排版不同，呈现出的效果也截然不同，对消费者的吸引力也就不同。如图 3-3-4 所示的商品素材，在图 3-3-5 中对同样的文字呈现了两种不同的排版，效果显而易见。

图 3-3-4　商品素材图

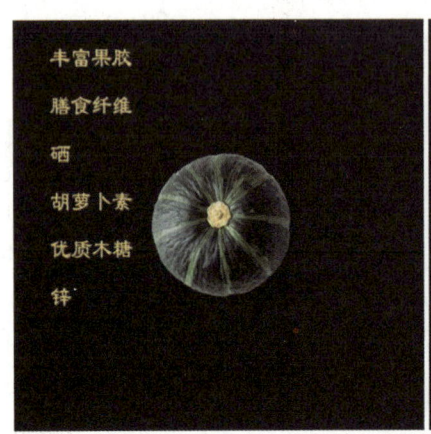

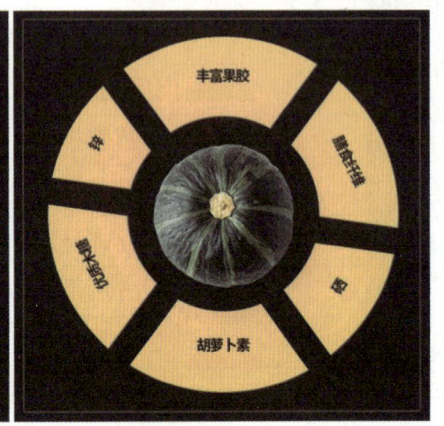

图 3-3-5　相同文案不同排版效果图

步骤 3　为文案设计有创意的表达

图片做好是给消费者看的，美工文案写作时应该时刻提醒自己，为什么消费者会对我们的图片感兴趣。只有研究好面向的目标人群才能制作出符合该人群审美的图片，写好符合该人群口味的文案。将文案有创意地表达出来将会更加吸引人阅读，事半功倍，如图 3-3-6 所示。

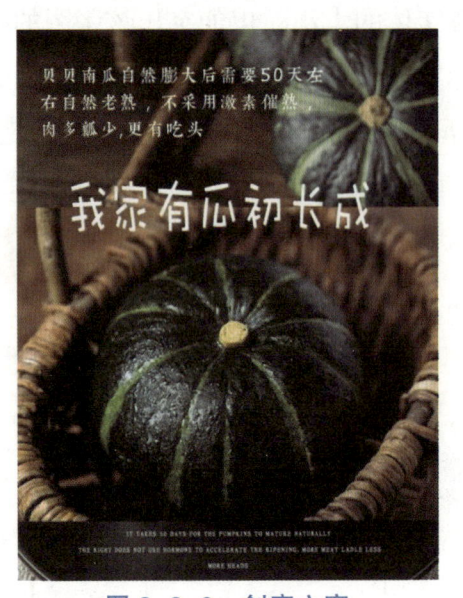

图 3-3-6　创意文案

小贴士

网店美工文案的小策略

1. 总结同行文案

学无止境，知己知彼。我们平时应该多去看同行的美工文案并多加总结，这是提升我们自身文案水平最快的一种方式。

2. 了解自己的产品

最大化地了解自己店铺的产品，只有充分了解产品才能挖掘出其与众不同的卖点，同时也应多跟公司的运营部门沟通，了解产品的运营方案。

3. 关注时下流行词汇

流行词汇之所以流行是因为使用的人多，这样关注这些词汇的人也就比较多，而且使用流行词汇的文案无形中拉近了与消费者的距离，可使消费者更轻松地接受自己店铺的产品。

4. 规避美工文案风险

随着市场监督的日益规范、法律法规的日益完善，尤其是《中华人民共和国广告法》的颁布实施，各大电商平台都以《中华人民共和国广告法》为标准规范平台内的广告。所以作为一名合格的网店美工必须了解《中华人民共和国广告法》，规避美工文案中存在的风险。以下列出网店美工常见的几种违反《中华人民共和国广告法》的行为。

（1）使用极限用词。根据《中华人民共和国广告法》规定，不得使用"国家级""最高级""最佳"等用语。在实际操作中这样的极限用语不得出现在网店广告文案中。使用极限词语的违规商家，将被扣分，并遭到二十万元以上、一百万元以下罚款，情节严重者将被直接封店。据悉，极限用词包括以下词汇：国家级、世界级、最高级、最佳、最好、最大、最便宜、最新、最先进、首个、首选、首发、首家、绝对、独家、世界领先、顶级、顶尖、终极、销量冠军、第一（No.1、Top1）、万能等。

（2）文案中有数据但未注明数据来源。网店美工抓住大部分人对数据比较敏感、具有从众心理的特点，往往会使用数据来吸引消费者的注意，达到吸引关注的目的，比如"已售出238729件"，这样的文案违反了《中华人民共和国广告法》中第十一条"广告使用数据、统计资料、调查结果文摘、引用语等引证内容的，应当真实、准确，并表明出处"的规定，也就是说如果不能提供"238729"这个数据的出处，那就是违反了相关的规定。

（3）普通商品宣传医疗效果。《中华人民共和国广告法》规定，除医疗、药品、医疗器械广告外，禁止其他任何广告涉及疾病治疗功能，并不得使用医疗用语。例如，在对贝贝南瓜的商品宣传中，往往会有富含维生素A等对眼睛有益的物质，但是由于贝贝南瓜不属于药品，所以不得使用"治疗夜盲症"这样的医学用语。

（4）与他人商品做对比，故意贬低他人的商品。《中华人民共和国广告法》明确规定，广告不得贬低其他生产经营者的商品或者服务。

举一反三

请你从不同角度（如种植、营养、口感、轻食等方面）完成贝贝南瓜的文案策划。

任务评价

评价项目	自我评价（20%）	小组互评（30%）	教师评价（50%）
能自主完成商品的文案策划和美工设计（40分）			
能归纳出网店美工文案写作思路（20分）			
遵守《中华人民共和国广告法》和美工岗位职业道德（40分）			
综合评价			

SUYANG SHICHUANG
>>> 素养视窗

习近平总书记在党的二十大报告中指出，全面建设社会主义现代化国家，最艰巨最繁重的任务仍然在农村。农村电商作为现代农业的一种新产业新业态新商业模式，是实现乡村振兴的重要举措。

2020年6月10日，中国农业大学智慧电商研究院发布《2020中国农村电商人才现状与发展报告》（下称《报告》），对未来农产品上行电商人才需求做出预估："2025年缺口为350万人"。

《报告》分析，除企业家式的电商人才，农村县域电商人才主要分为运营推广、美工设计、客服和物流仓储四类，占比分别为12.4%、16.8%、23.3%和31.7%。运营推广及美工设计等对技术要求较高的职位，人员较为缺乏。同学们作为网店美工的强大后备人才，今后定能为乡村振兴做出自己的贡献。

项目四

网店装修与图片处理

项目简介

消费者看到满意的商品，才能产生购买欲望，网店上看到的商品当然只是商品的图片。不论自己拍摄的照片还是从网上找到的图片，往往不能在网店中直接使用，需要进行一定的处理。这就需要学习图像的处理技巧，对商品图片进行美化，包括调整图像的尺寸、图像抠图、装饰图像、调整色差等。一幅好的图片能让消费者产生继续了解商品的欲望，吸引他们进一步了解该商品的详细信息时他们就会点击商品的主图，从而进入该商品的详情页页面。本项目将详细介绍商品详情页的设计方法和技巧。

学习目标

知识目标

1. 掌握商品图像尺寸的调整方法。
2. 掌握图像的抠图、装饰、色差调整。

能力目标

1. 能够熟练调整商品图片大小、商品图像抠图。
2. 能够独立判断图片效果，熟练掌握模特皮肤的美化。

素质目标

1. 激发学生崇尚科学、探索未知的兴趣，培养其探索性、创新性思维品质。
2. 树立"爱岗敬业、吃苦耐劳、团结协作"的职业观。

任务一　商品图像尺寸调整

任务导入

小雅通过数码相机拍了一些商品图片，发现这些照片尺寸过大，不能直接用到网店。

任务分析

不论拍摄的商品照片，还是网上找的素材一般占用存储空间较大，如果使用原始的没有处理的图像，网店页面加载速度会变慢，将影响到消费者的网店购买体验。一般来说，在网店使用图片，首先要对商品图像的尺寸进行调整。

调整图像尺寸一般有两种方法，一种是对一幅图像整体调整大小，另一种是截取图像的一部分。

知识链接

分辨率的定义

分辨率又称解析度，可以分为显示分辨率、打印分辨率和扫描分辨率等。显示分辨率即屏幕分辨率，是屏幕显示图像的精密度，指显示器每英寸（1英寸=2.54厘米）所能显示的像素的多少。分辨率越高，显示器可显示的像素就越多，画面就越精细。网店用图片，一般设置为72像素，就能满足需要。

网店的不同模块，对图像也有一些不同的要求，例如淘宝网店就对图像的尺寸有特别规定，如表4-1-1所示。

表4-1-1　淘宝店铺中常用图片的尺寸

图片名称	尺寸要求	文件大小	图片格式
主图	建议：800像素×800像素	<3 MB	GIF、JPG、PNG
店标	建议：80像素×80像素	建议：80 KB	GIF、JPG、PNG
店招图片	默认：950像素×120像素 全屏：1 920像素×150像素	建议：<100 KB	GIF、JPG、PNG
轮播图片	默认：950像素×（450~650）像素	建议：<50 KB	GIF、JPG、PNG
全屏海报	建议：1 920像素×（400~600）像素	建议：<50 KB	GIF、JPG、PNG

续表

图片名称	尺寸要求	文件大小	图片格式
分类图片	宽度<160像素，高度无明确规定	建议：<50 KB	GIF、JPG、PNG
导航背景	950像素×150像素	不限	GIF、JPG、PNG
详情页细节图	宽度750像素，高度不限	不限	GIF、JPG、PNG

任务实施

图像的调整与裁剪

步骤1　调整图像大小

（1）用Photoshop打开商品图像，然后选择"图像"→"图像大小"菜单命令，如图4-1-1所示。

图4-1-1　图像大小菜单

（2）打开"图像大小"对话框，设置高度、宽度以及分辨率等，可以看到图片设置前的数据，此图片的尺寸大小为2 800像素×1 867像素，分辨率为300，如图4-1-2所示。

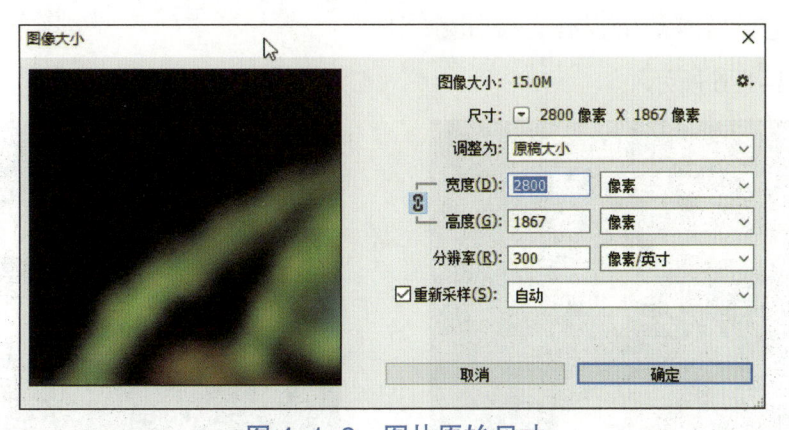

图4-1-2　图片原始尺寸

（3）对于网店来说，这些数据过大，可以设置为800像素×533像素，分辨率为72，然后单击"确定"按钮，完成操作，如图4-1-3所示。

图 4-1-3　图片修改后尺寸

小提示：如果改变图像的长宽比例，单击"宽度"和"高度"中间的小锁链图标后就会解除长宽比例锁定，再次单击就可以锁定长宽比例。图 4-1-2 所示是已锁定长宽比例，图 4-1-3 所示是已解除锁定长宽比例。

步骤 2　裁剪图像

当商品的图像构图不符合实际需要，或者网店只需要图片的部分内容时，可以对图片进行裁切操作。

（1）打开所需商品图像后，选中 Photoshop 左侧工具栏中的裁剪工具，如图 4-1-4 所示。

（2）在需要的位置使用鼠标拖曳，形成一个拖曳区域，然后松开鼠标，形成一个裁剪框，如图 4-1-5 所示。

（3）单击"提交当前裁剪操作"按钮完成裁剪操作，如图 4-1-6 所示。

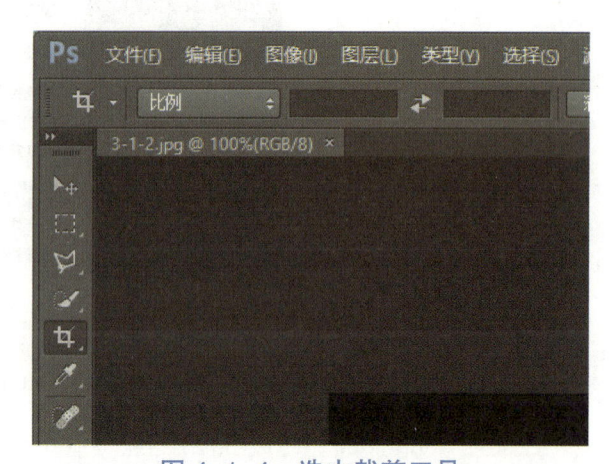

图 4-1-4　选中裁剪工具

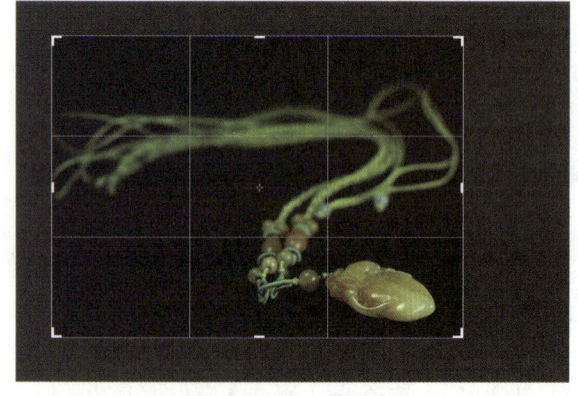

图 4-1-5　裁剪框

图 4-1-6　完成裁剪

举一反三

请选择一款家乡产品拍摄图片，调整图片尺寸为标准的主图大小。

任务评价

评价项目	自我评价（20%）	小组互评（30%）	教师评价（50%）
改变图片分辨率（10分）			
解锁、锁定图片比例（20分）			
裁剪图片比例设计得当（10分）			
商品尺寸符合网店要求（20分）			
商品尺寸符合用户要求（20分）			
团结协作、创新思维（20分）			
综合评价			

任务二　商品图像抠图

任务导入

小雅通过手机相机拍了一些商品图片，发现这些商品背景颜色不符合网店整体风格，需要进行调整。

任务分析

商品背景颜色与网店整体风格不协调，需要把商品从照片中抠取出来，然后进行进一步处理。常见的比较简单的工具有魔棒工具、快速选择工具、套索工具等。

知识链接

商品图像抠图技巧

商品图像抠图是网点装修中的一项重要技能，它指的是从图片背景中精确地选取商品，以便将其分离出来，用于不同的营销材料或场景中。我们可以通过以下几点进行操作。

（1）魔棒工具可以用来选取图像中的某一点，并将与这一点颜色相同或相近的部分自动融入选区中。对于背景比较单一、物体边界清晰的图像，例如纯色和颜色相近的背景，可以使用魔棒工具进行抠图处理。

（2）多边形套索工具可以用来选取不规则的多边形图像。

（3）磁性套索工具可以用来制作边缘比较清晰，且与背景颜色相差比较大的图片的选区。

任务实施

商品图像抠图步骤执行

步骤 1 快速扣取单色背景图片

（1）打开素材中的化妆品图片，选择背景图层，并把它拖曳到"创建新图层"按钮上，复制背景图层，选中刚复制的图层，如图 4-2-1 所示。

图 4-2-1 复制图层

（2）选择魔棒工具，在工具栏设置"容差"为"40"，如图 4-2-2 所示。

图 4-2-2 设置容差

（3）使用魔棒工具在商品背景图片上单击，可以发现背景有部分被选中；按住 Shift 键增加选区，直到全部选择背景，如图 4-2-3 所示。

图 4-2-3　背景全选中

（4）执行"选择"→"反向"菜单命令，或使用"Ctrl"+"Shift"+"I"快捷键，将选区反选；再按"Ctrl"+"Alt"+"R"快捷键打开"调整边缘"对话框，如图 4-2-4 所示。

（5）在"调整边缘"对话框中设置"半径"为"2"，并设置"输出到"为"新建图层"，如图 4-2-5 所示，单击"确定"按钮完成操作。

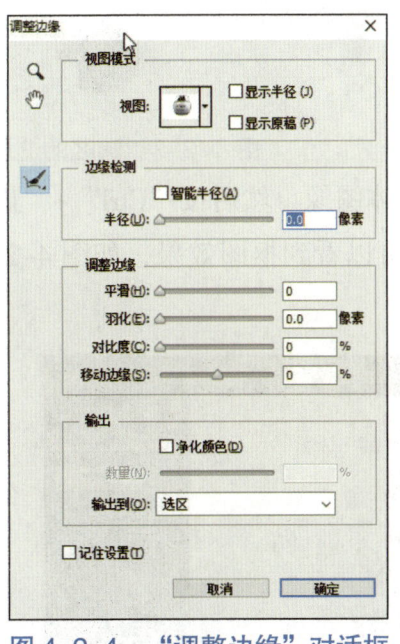

图 4-2-4　"调整边缘"对话框　　　　图 4-2-5　调整边缘设置

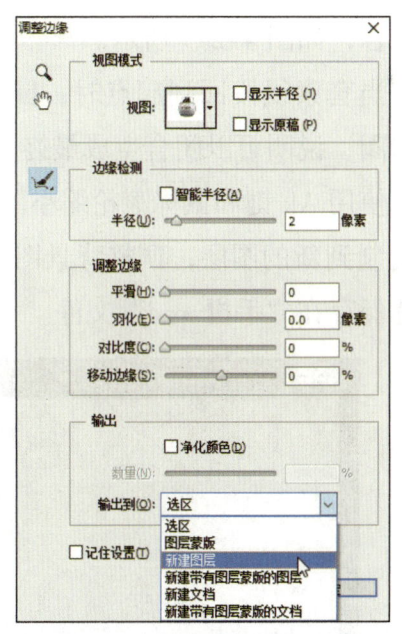

步骤 2　抠取规则的图片

（1）打开素材中的钱包和手机图片，使用 Alt 键和鼠标滚轮组合进行放大或者缩小商品图像，调整图像显示大小合适，如图 4-2-6 所示。

图 4-2-6　打开图片

（2）在套索工具中选择多边形套索工具，使用 Alt 键和鼠标滚轮组合随时放大或者缩小商品图像，单击图像的边缘作为多边形的第一个定点，然后沿着图像的边缘移动图标，在图像有拐点的地方单击鼠标添加定点，逐段绘制套索线段，遇到圆弧时，要多绘制线段来拟合，如图 4-2-7 所示。

（3）当套索线段回到起点时，鼠标右下角会出现一个小圆圈，说明可以闭合生成最终的选区。

图 4-2-7　选区的选取

（4）使用 Alt 键和鼠标滚轮缩小图片，出现手机整体图像，然后按"Ctrl"+"J"快捷键将选区复制到新的图层，调整背景图层为不显示，就可以看到抠图效果，如图 4-2-8 所示，最终图片保存在"手机.psd"文件。

图 4-2-8　完成操作

举一反三

给上一节拍摄的家乡产品图片抠图，根据图片特点使用恰当的抠图工具。

任务评价

评价项目	自我评价（20%）	小组互评（30%）	教师评价（50%）
修改图片前新建图层（10分）			
针对客户要求抠取图像（10分）			
魔棒工具的使用（20分）			
多边形套索工具的使用（20分）			
随时调整选区、调整图片显示比例（20分）			
团结协作、创新思维（20分）			
综合评价			

任务三　修饰商品图像

任务导入

小雅通过互联网找到了一些图片，准备充实自己网店，可是有一些图片存在一些小问题，例如图片有水印、图有多余的内容等，特别是模特图片脸上有斑点等，这些都需要进行处理。

任务分析

不论网上找到的图片还是自己拍摄的图片，都需要进行一些装饰，可以使用图章工具组和修复工具组等工具组中的工具来实现。

知识链接

图像修复与磨皮技巧

（1）修补工具是修复工具组的一种，是用来修复图像的工具，可以清除图像中的杂质、污点，在修复图像前，必须先制作选区。

（2）污点修复画笔工具可以快速消除图像中的污点或斑点或不需要的某个对象或不理想的部分。对于图片多余部分的去除可以有多种方法，例如使用印章工具、修补工具等，但是使用填充工具效率较高。

（3）模特皮肤看起来不光滑，其实就是人物的皮肤图片颜色、明暗出现不均匀的分布，这可以用 Photoshop CC 进行处理，打散人物皮肤上的色块，让皮肤的颜色、明暗过渡均匀，这就是所谓的"磨皮"。

任务实施

水印去除与图片美化的执行

步骤 1　去除水印

（1）打开素材中的手表图片，可以看到在该图左下角有一水印；在背景图层上单击鼠标右键，弹出快捷菜单，复制背景图层。

（2）使用 Alt 键和鼠标滚轮配合，放大商品水印处的商品图片，使用矩形选框工具■选中水印，如图 4-3-1 所示。

图 4-3-1　选中水印

项目四 网店装修与图片处理 | 73

（3）使用"编辑"→"填充"命令或者使用"Shift"+"F5"快捷键打开"填充"对话框，"内容"-"使用"栏选择"内容识别"选项，如图4-3-2所示。

（4）单击"确定"按钮，即可去掉水印。然后按"Ctrl"+"D"快捷键取消选区，完成操作。效果如图4-3-3所示。

图 4-3-2 在"内容"-"使用"栏选择"内容识别"选项

图 4-3-3 水印去除后的效果

步骤 2 去除图片多余内容

（1）打开素材中的模特图片，利用 Alt 键和鼠标滚轮适当放大图片；使用多边形套索工具，对文化衫中的文字进行圈选，如图 4-3-4 所示。

图 4-3-4 文字的选择

（2）使用 Alt 键和鼠标滚轮慢慢缩小图片，直到显示全图。使用修补工具 在上面选区中往下拖动，然后松开鼠标，等待处理，就可以看到图片中的文字消失了，图片中的多余内容基本去除，效果如图 4-3-5 所示。使用"Ctrl"+"D"快捷键取消选区，然后存储为"文化衫 .psd"。

图 4-3-5　去除多余部分

步骤 3　美化模特

（1）打开模特素材图片"4-9.jpg"，并使用 Alt 键和鼠标滚轮组合，适当调整模特图片大小；打开图层标签，选中模特图层，向下拖动到"创建新图层" 按钮上，创建"背景拷贝"图层，并选中该图层，如图 4-3-6 所示。

图 4-3-6　创建"背景拷贝"图层

（2）打开"滤镜"→"模糊"→"高斯模糊"菜单命令，出现"高斯模糊"对话框，将"半径"设为"2.0"，如图 4-3-7 所示。

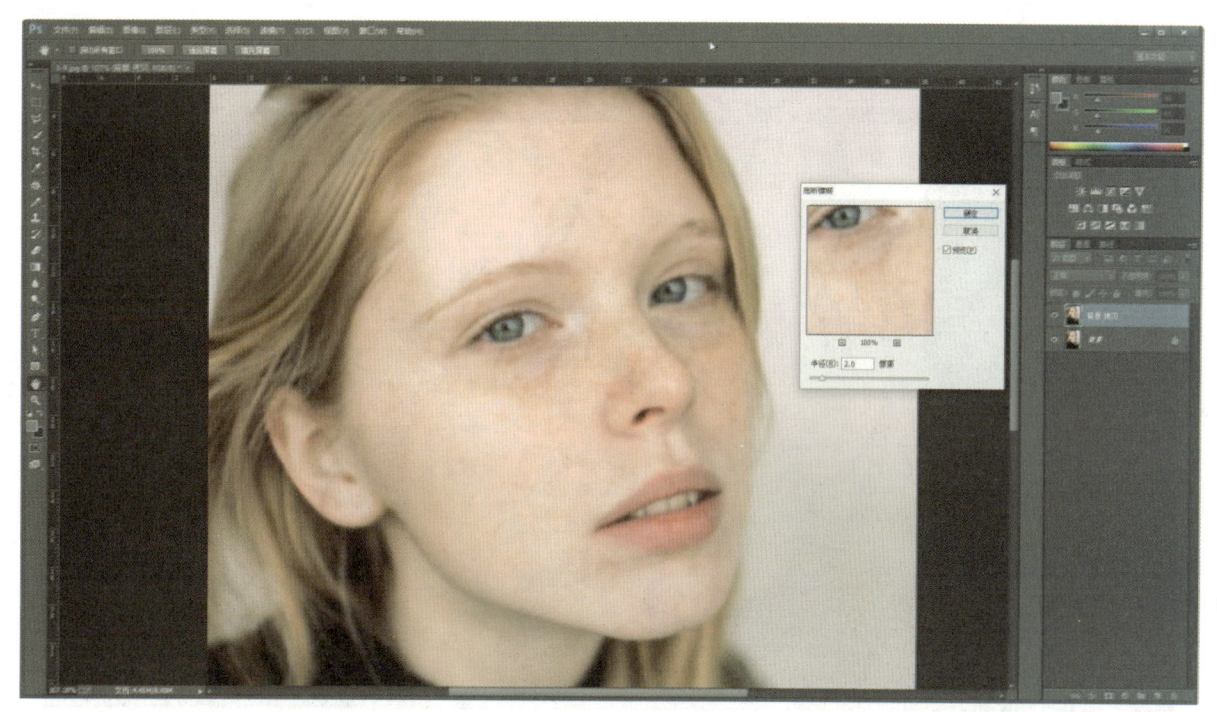

图 4-3-7　高斯模糊设置

（3）使用历史画笔记录工具 ，设置大小为 32 像素 ，在不需要模糊的地方，例如头发、眉毛、眼睛、鼻子、嘴巴等处进行涂抹，直到它们恢复模糊前的状态为止。由于本例模特的面部斑点较多，请重复步骤（2）、（3），直到模特皮肤变得光滑，如图 4-3-8 所示。

图 4-3-8　使用历史画笔记录工具

（4）使用"图像"→"调整"→"曲线"菜单命令或"Ctrl"+"M"快捷键，调出"曲线"对话框。在曲线中间点处向上拖曳微调，提高图片亮度，然后单击"确定"按钮，如图4-3-9所示。

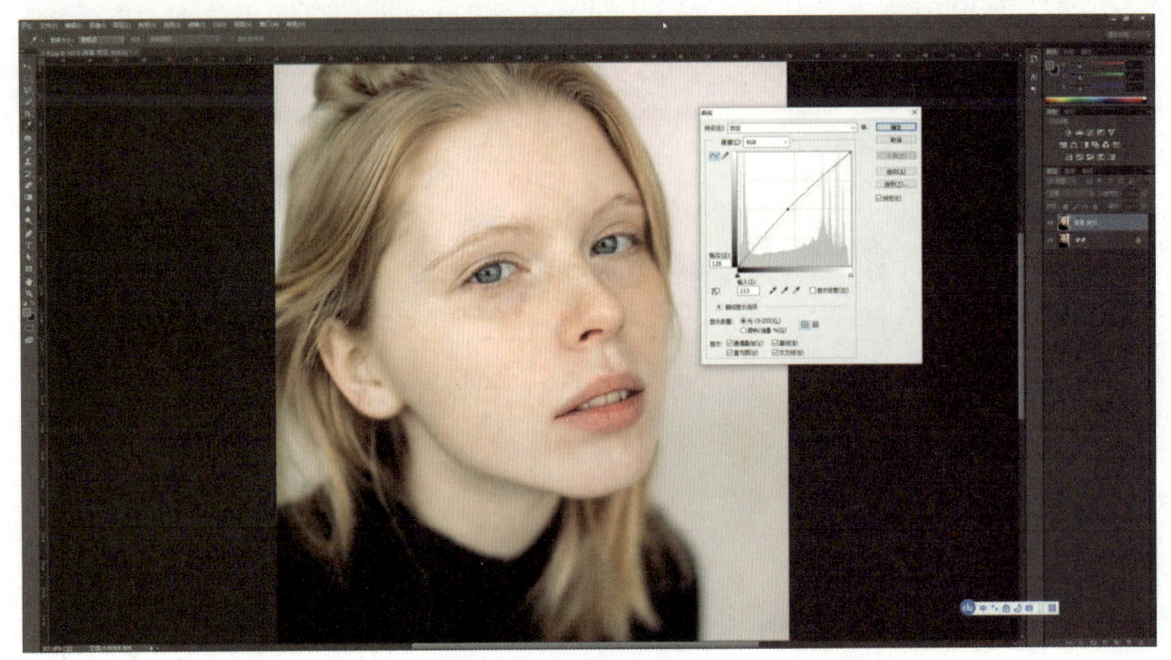

图4-3-9　提高图片亮度

（5）使用污点修复画笔工具，大小设为"20"，在图像的污点上点击，修复图像瑕疵。这时可以配合使用Alt键和鼠标滚轮，放大图片对细节进行处理，如图4-3-10所示，直到完成操作，效果如图4-3-11所示。

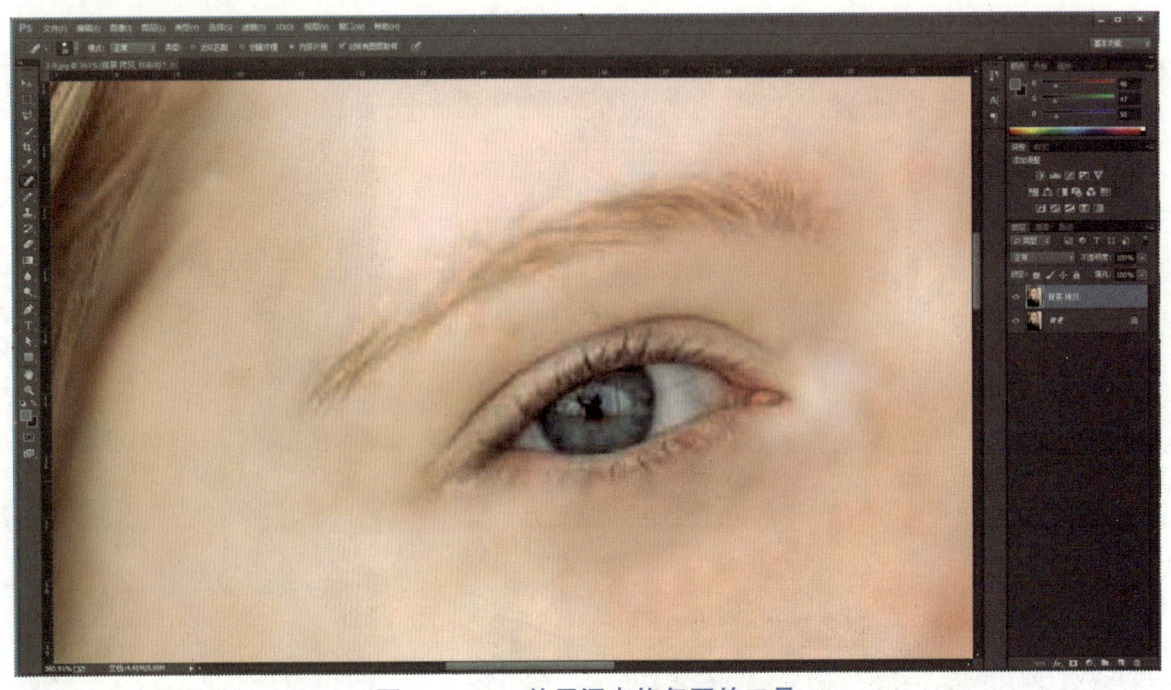

图4-3-10　使用污点修复画笔工具

图 4-3-11　完成操作效果图

举一反三

给自己拍一张照片，并使用恰当的工具进行祛斑和美白磨皮。

任务评价

评价项目	自我评价（20%）	小组互评（30%）	教师评价（50%）
修改图片前新建图层（10分）			
针对客户要求修饰图像（10分）			
去除水印完成度（20分）			
去除图片多余内容完成度（20分）			
美化模特完成度（20分）			
团结协作、创新思维（20分）			
综合评价			

任务四 调整商品色差

任务导入

小雅让好朋友给准备发布网店的商品拍了一些图片，发现这些图片要么亮度不合适、要么颜色和网店主题色不搭配，需要进行调整。

任务分析

不论使用手机还是数码相机拍摄的照片，会受太阳光线的影响，导致拍摄出来的照片可能因曝光不足而太暗，也可能因过度曝光而太亮。用 Photoshop CC 对明暗的处理方法有多种，其中比较简单且适合初学者的有亮度对比度调整、曝光度调整、色阶调整等。

知识链接

调整商品色差概述

1. 对比度

对比度是画面黑与白的比值，也就是从黑到白的渐变层次。比值越大，从黑到白的渐变层次就越多，使色彩表现越丰富。

2. 亮度

亮度是图像中像素的整体明亮程度。增加亮度会使整个图像变得更明亮，减少亮度则会使图像变暗。

3. 曝光度

曝光度就是相机感光元件被光线照射的程度，简单地说，就是它接受光线的多少。接受光线越多，即所谓曝光度越高，照片就越发白。

任务实施

调整商品色差

步骤 1　调整亮度对比度

（1）打开资源中的模特图片"4-12.jpg"，如图 4-4-1 所示，可以看到这个图片比较暗，可使用"图像"→"调整"→"亮度/对比度"菜单命令进行调整。

图 4-4-1 "亮度/对比度"菜单命令

（2）打开"亮度/对比度"对话框，将"亮度"设置为"74"，"对比度"设置为"-30"，如图 4-4-2 所示。

图 4-4-2 亮度/对比度设置

（3）单击"确定"按钮，可以看到图像变亮了，保存图片为"调整图片明暗度.psd"。

步骤 2　调整曝光度

（1）打开素材文件"汽车.jpg"，可以看到这个汽车图片比较暗，如图 4-4-3 所示。

图 4-4-3　素材图片

（2）使用"图像"→"调整"→"曝光度"菜单命令，打开"曝光度"对话框，将"曝光度"设置为"3.67"，"位移"设置为"0.0000"，"灰度系数校正"设置为"1.00"，如图 4-4-4 所示。

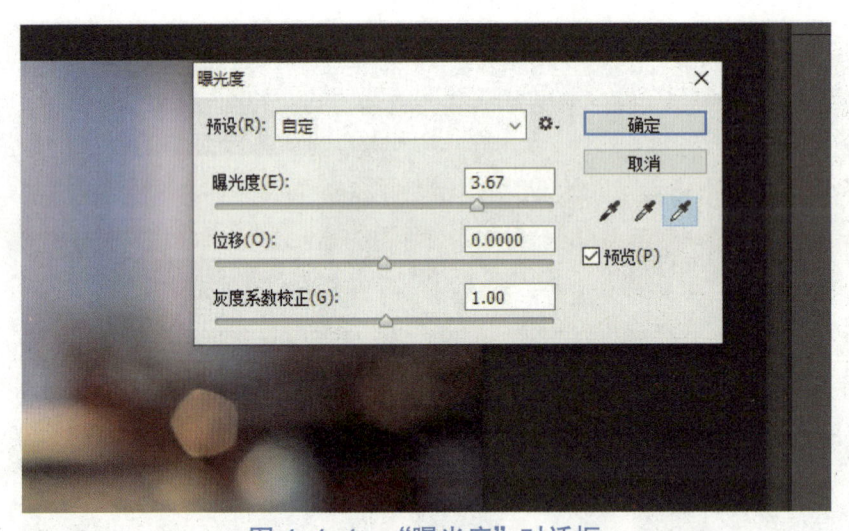

图 4-4-4　"曝光度"对话框

（3）单击"确定"按钮，保存图片为"调整图片曝光度 .psd"。

步骤 3　调整白平衡

白平衡不准确，指的是照片色彩的黑、白、灰失调，不准确了，反映到照片中的商品则是指不能正确地表达实际商品的色彩。使用 Photoshop 可以进行白平衡处理，还原照片的实际色彩，操作步骤如下。

（1）运行 Photoshop CC，打开素材中的模特图片，按"Ctrl"+"+"或"Ctrl"+"-"快捷键放大、缩小照片显示比例，或使用 Alt 键和鼠标滚轮，调整图片大小，方便后面的调节。

（2）再按"Ctrl"+"M"快捷键打开曲线调节窗口。可以看到在曲线调节图的下方有3个吸管图标按钮，从左到右分别代表黑场、灰场、白场，如图4-4-5所示。

图 4-4-5　曲线调节窗口

（3）移动图像视窗，使它显示图像黑色部分，使用黑场吸管，吸取照片中黑色区域，曲线数值自动变化，如图4-4-6所示。

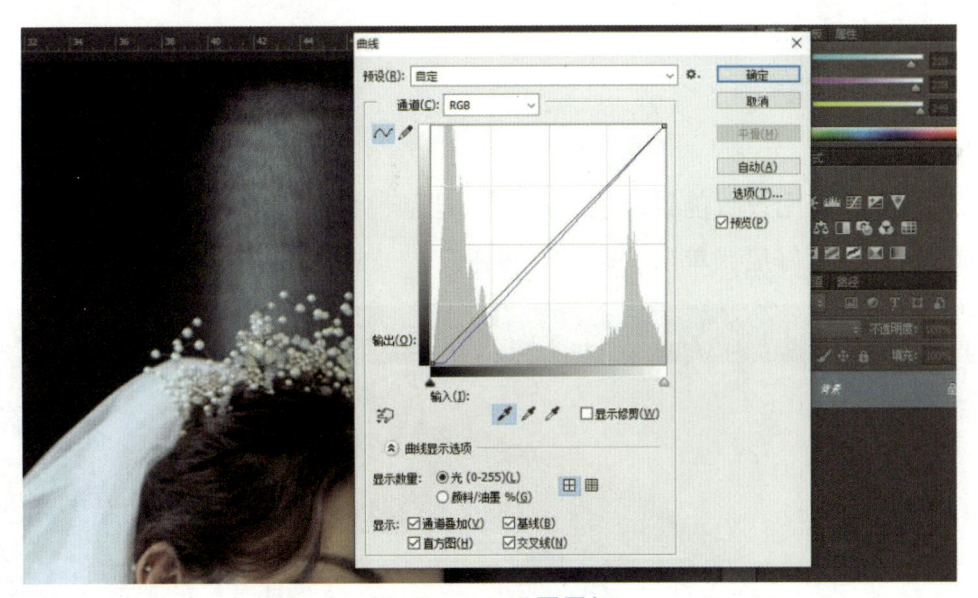

图 4-4-6　设置黑场

小提示：黑场就是画面中黑的地方，白场就是画面中白的地方，灰场就是画面中的灰值。如果让画面中的这三个颜色都能成为正确的数值，画面的颜色就调正确了。

（4）使用同样方法，单击灰场吸管，吸取照片中灰色区域，设置灰场；移动图像视窗，用白场吸管，吸取模特白色头纱，设置白场，然后单击"确定"按钮，完成白平衡调整。调整后的图片保存到电脑上，文件名为"调整白平衡色彩.psd"。

步骤 4　调整图片色调

小雅发现今年的冬季旅游特别火热，人们对冰雪运动比较喜爱，很多人特别是南方省份的顾客纷纷到北方体验冰雪运动。她特地让好友找了几幅滑雪的图片，用以推销滑雪装备。可是小雅发现，好友给的模特的马甲是蓝色的，与自己要求的黄色不符，小雅决定做一下修改。

（1）运行 Photoshop CC，打开滑雪运动图片"4-15.jpg"，使用 Alt 键和鼠标滚轮，调整图片大小，复制一图层，并选中该图层，方便后面的修改。

（2）使用颜色替换工具，修改颜色替换工具的大小为"25"，"模式"为"颜色"，"限制"为"连续"，"容差"为"30%"，如图 4-4-7 所示。单击"取样一次"按钮，消除锯齿。

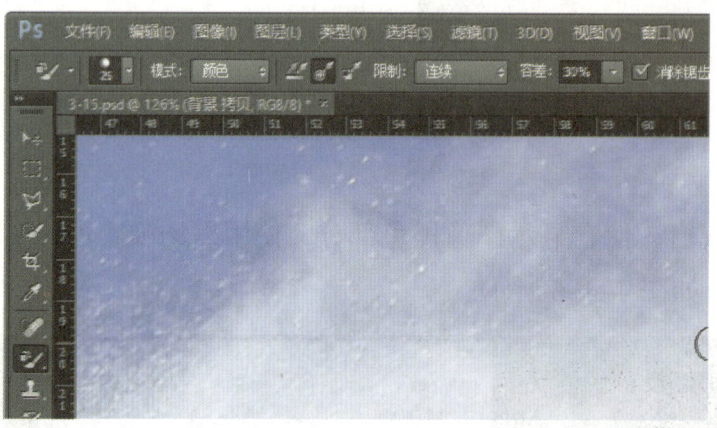

图 4-4-7　颜色替换工具

（3）在工具箱中使用设置前景颜色工具，把颜色设置为"黄色"，颜色代码为 #ffff00，如图 4-4-8 所示，设置好后，单击"确定"按钮。

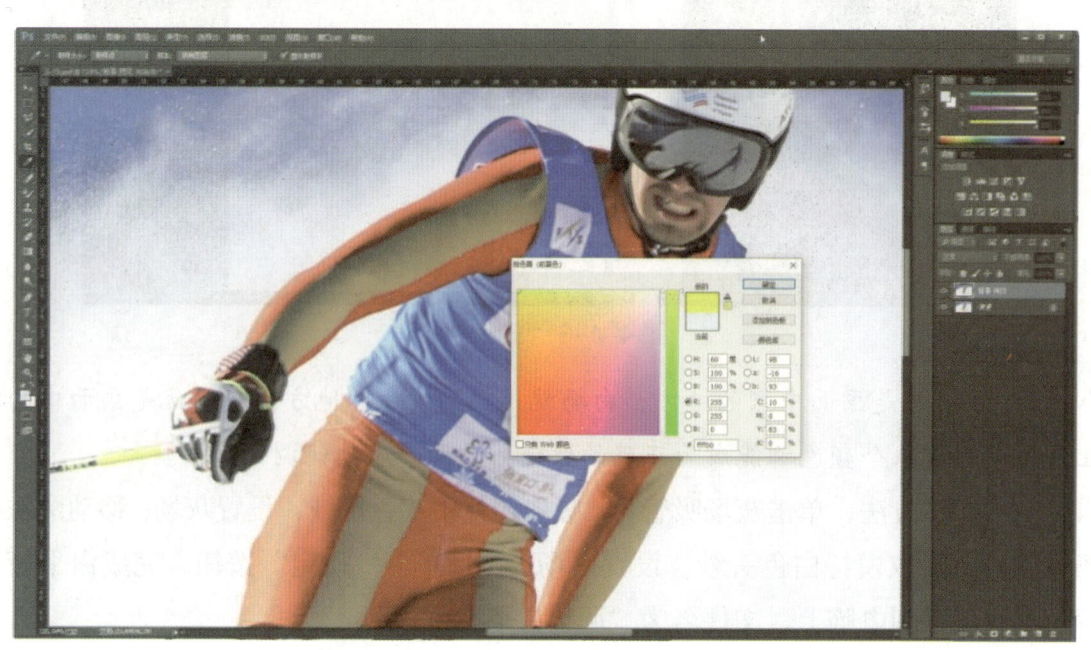

图 4-4-8　设置前景颜色

（4）使用刚刚设置好的颜色替换工具，在运动员的"马甲"上进行涂抹，如图 4-4-9 所示。

图 4-4-9　使用颜色替换工具进行涂抹

（5）对于马甲的边缘和没有涂抹到的部分，使用 Alt 键和鼠标滚轮配合放大细节，并把颜色替换工具的大小调整为"5"，"容差"设置为"51%"后继续涂抹，如图 4-4-10 所示。

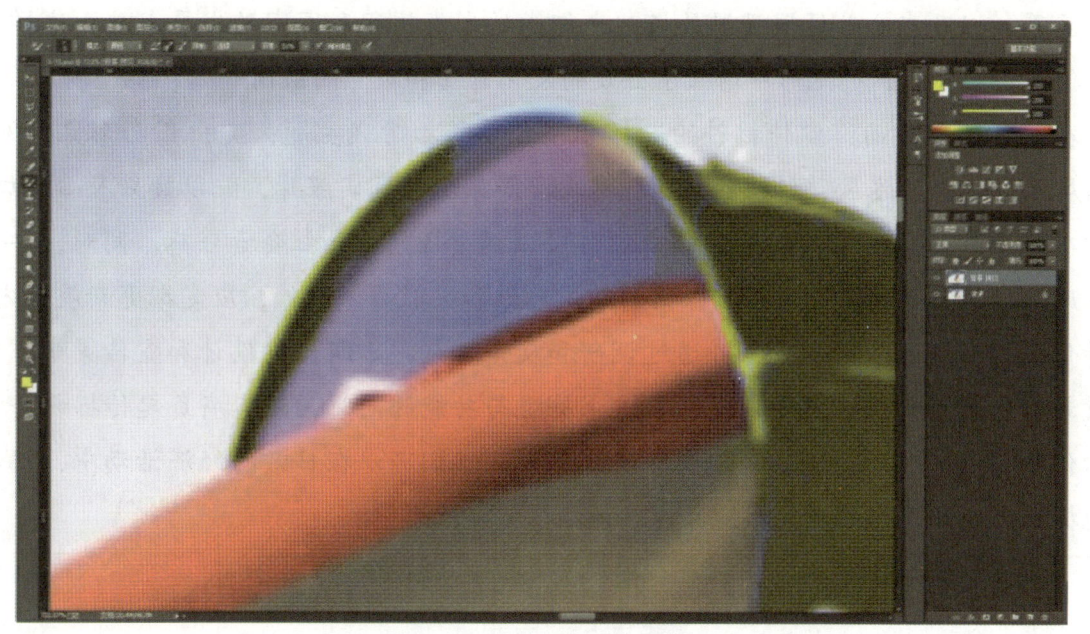

图 4-4-10　细节的处理

（6）涂抹完成后，调整图片到合适大小，存盘为"滑雪.psd"。

举一反三

在给家乡特产拍摄的图片中选取几张，并使用恰当的工具调整色差。

任务评价

评价项目	自我评价（20%）	小组互评（30%）	教师评价（50%）
修改图片前新建图层（10分）			
针对客户要求进行设计（10分）			
调整亮度/对比度完成度（20分）			
调整曝光度完成度（20分）			
调整白平衡完成度（20分）			
团结协作、创新思维（20分）			
综合评价			

SUYANG SHICHUANG 素养视窗

在互联网改造传统产业的大潮中，在网点装修设计上，应注重传统与现代的结合，巧妙地融入中国传统文化元素和红色文化符号，如在墙面装饰、家具设计中加入中国结、山水画等，以及在公共区域设置展板，介绍党的光辉历程和国家的发展成就。这样的设计不仅美化了环境，也无形中增强了公众的文化自信和对党的认同。

在图片处理方面，宣传材料的选择和制作要紧扣时代主题，突出正面形象。例如，选用展示中国经济发展、科技创新、脱贫攻坚等领域的真实照片，配以鼓舞人心的口号，如"奋斗新时代，共筑中国梦"，以此激发公众的爱国情感和社会责任感。同时，要保持图片风格的统一性和专业性，确保信息的准确性和吸引力。此外，应定期更新展示内容，保持信息的新鲜感和时效性，并通过调研和反馈机制，不断优化设计和宣传策略，确保思政教育的有效传播。它要求我们在追求美观与功能的同时，不忘肩负起传播社会主义核心价值观的责任。通过这种创新的实践方式，我们可以在日常的经济活动中，潜移默化地提升公众的思想政治素养，为构建和谐社会贡献力量。

项目五

店铺首页设计

项目简介

店铺首页是一个非常重要的页面,决定了店铺的风格。店铺装修的视觉效果直接影响商品的价值感呈现。设计优秀的店铺首页能提高页面停留时间、访问深度、点击率等相关数据,在品牌形象传达、活动传达、流量疏导方面都起着至关重要的作用,也直接影响了消费者的购物体验,由此可见店铺首页设计的重要性。本项目将详细介绍店铺首页的设计方法和技巧。

学习目标

知识目标

1. 掌握店铺首页的基本模块。
2. 掌握店铺首页的设计要点及思路。

能力目标

1. 能够挖掘商品特点并设计出别具一格的店铺首页。
2. 能够熟练设计店铺首页模块布置。

素质目标

1. 通过对网店首页的装修,培养学生建立整体性、全面性的观念。
2. 树立对传统文化的传承与创新意识。

任务一　店铺首页布局

任务导入

小雅的淘宝店需要装修店铺首页，主营食品类目，小雅需要为此进行合理的设计，并根据需要添加店铺首页自定义模块，请你先了解店铺首页的布局，帮助小雅完成店铺首页的布局设计。

任务分析

准备阶段：我们要从店铺商品、品牌文化、商品信息、目标消费者、市场环境和季节等因素进行分析。本次任务中淘宝店主营食品类目，主营商品是贝贝南瓜农特产品，应该带给消费者的是健康自然、高品质的生活理念，尤其是对有老人、儿童的家庭更为热销，但是随着竞品越来越多，以及季节因素，我们必须做好店铺首页装修设计，来应对不断变化的市场需求，完成营销任务。

知识链接

店铺首页的重要性

淘宝店铺首页（见图 5-1-1）是整个淘宝店铺的门面，代表着店铺的形象。其装修的好坏将直接影响消费者的购物体验和店铺的转化率，影响顾客页面停留时间，因此利用好淘宝店铺首页资源是很重要的。

图 5-1-1　店铺首页

一、了解网店首页基础模块

进行模块布局前，需要了解店铺装修的基础模块，除店招、导航与页面背景外，常用的基础模块还包括以下十项，模块位置如图 5-1-2 所示。

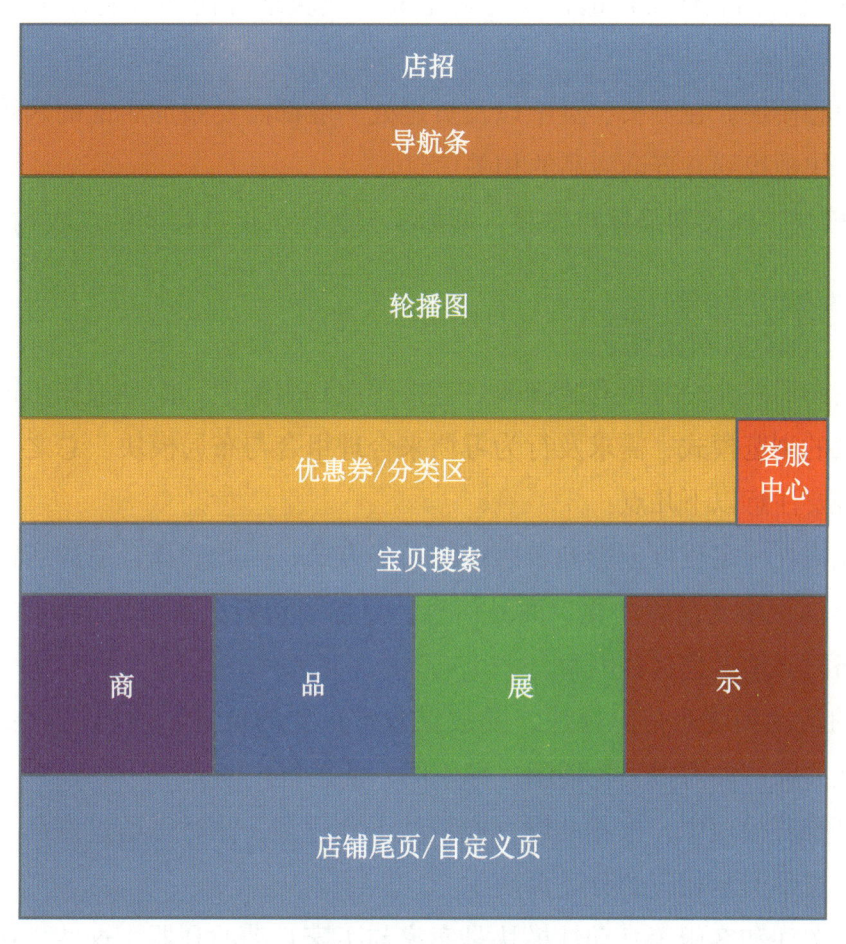

```
┌─────────────────────────────┐
│            店招              │
├─────────────────────────────┤
│           导航条             │
├─────────────────────────────┤
│                             │
│           轮播图             │
│                             │
├──────────────────────┬──────┤
│     优惠券/分类区     │客服中心│
├─────────────────────────────┤
│          宝贝搜索            │
├──────┬──────┬──────┬────────┤
│  商  │  品  │  展  │   示   │
├─────────────────────────────┤
│       店铺尾页/自定义页       │
└─────────────────────────────┘
```

图 5-1-2　首页布局

（1）图片轮播模块。淘宝提供的模块，对尺寸与大小都有所限制。该模块用于放置单品或新品的促销广告，从而吸引买家，是促销活动时的必备模块。

（2）全屏宽图与全屏轮播模块。该模块可放置宽度为 1 920 像素的全屏海报与全屏轮播图，其显示的区域越大，越能给人震撼性的视觉效果。该模块是促销活动时的常用模块。

（3）宝贝搜索模块。设置搜索的关键词和价格区间，以便买家点击和搜索整个店铺的商品。

（4）店铺优惠模块。可以给顾客起到流量向导的作用，是店铺营销及打造爆款必备的模块。卖家的推荐方式有自动推荐或手工推荐。

（5）宝贝推荐模块。店铺中的宝贝推荐模块就像一条横幅，使用商品推荐模块可以自动添加店铺中销量最好的产品，或手动添加想要打造的爆款。

（6）默认分类模块。将店铺的商品进行归类放置，可添加默认分类模块，并在类目中将商品按销量、收藏、价格、新品进行排列，便于引导买家按类别选择需要的商品。

（7）个性分类模块。商家根据自己店铺特色和买家喜好，用一些个性化的文字或图片来设计商品的分类标签，可以在引导顾客消费的同时，加深顾客对店铺的印象。

（8）自定义区模块。由于没有固定尺寸的限制，该模块可以用来展示特色的商品或店铺活动。该模块是店铺装修常用的模块。自定义区模块结合代码可制作全屏宽图或全屏轮播图。

（9）客服中心模块。在页头、页中以及页尾处一般都需要添加店铺的客服模块，其目的在于能让顾客更快地找到并咨询商品的相关信息。

（10）收藏模块。能够增强客户体验，增加买家黏性，促进买家的二次购买。

二、首页模块布局要点

店铺的模块布局并非是将所有装修模块直接排放到店铺中，而是根据店铺的风格、促销活动，以及买家的浏览模式、需求及行为习惯来合理组合与布局模块。总之，在布局店铺首页的模块时，需要注意以下几点：

（1）店铺风格在一定程度上影响着店铺的布局方式，因此选择合适的店铺风格是店铺布局的前提。而店铺风格受品牌文化、商品信息、目标消费者、市场环境和季节等因素影响，在选择店铺风格时必须考虑这些因素。

（2）店铺的活动和优惠信息模块，要放在非常重要的位置，内容设计要清晰、一目了然，并且可读性要强，如海报、轮播图、导航图、活动推广图。

（3）在商品推荐模块中，推荐的爆款或新款不宜过多，此时可通过商品分类模块或商品搜索模块将客户流量引至相应的分类页面中。

（4）收藏、关注和客服等互动性模块是卖家与买家互动的利器，这些模块可以提升买家忠诚度，提高二次购买率，是必不可少的模块。

（5）使用搜索或商品分类模块时，需要对商品进行分类。详细地列举出商品类目，将有助于买家的搜索，或帮助买家寻找喜欢的类目及商品。

（6）模块结构和商品系列要清晰明了，模块布局要错落有致。用列表和图文搭配的方式，可减少买家的视觉疲劳。

任务实施

店铺首页布局操作

步骤1　确定店铺装修风格

店铺装修风格包括但不限于以下几种：简约风格、清新风格、时尚风格、传统风格、复古风格、个性定制风格。在选择网店装修风格时，需要结合店铺所销售的商品等综合考虑。同时，确保整体视觉效果能提升用户体验，方便用户浏览商品信息，引导用户完成购物流程。

步骤 2　登录淘宝网

进入"千牛卖家中心"页面，单击左侧栏中的"店铺"→"PC店铺装修"选项，如图 5-1-3 所示。

步骤 3　模块布局管理

进入淘宝装修后台，单击顶端的"布局管理"按钮，如图 5-1-4 所示。选择栏目模块，上下拖动可以改变模块显示的位置；选择 ✚ 图标可以进行大模块的移动。模块管理窗口如图 5-1-5 所示。

图 5-1-3　选择"PC店铺装修"选项　　　图 5-1-4　"布局管理"页面

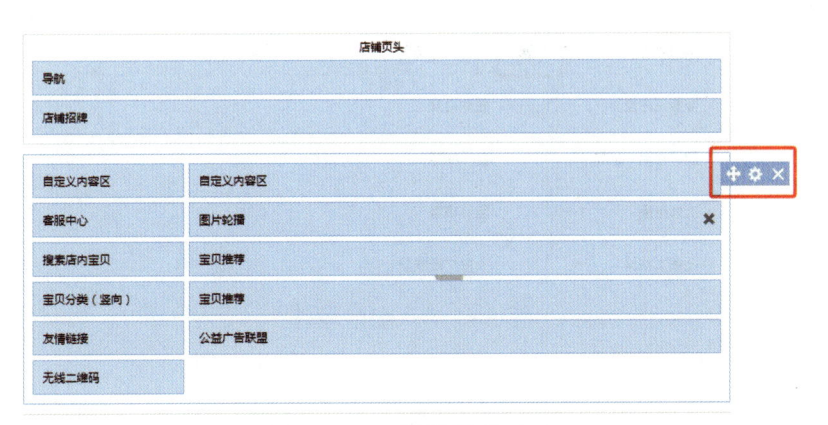

图 5-1-5　模块管理窗口

步骤 4　添加布局

（1）单击"+添加布局单元"，可以添加通栏或者左右模块，如图 5-1-6 所示。

图 5-1-6　添加布局单元

（2）在左侧选择需要添加的模块，拖入右侧单元中，释放鼠标后，即可完成添加，如图 5-1-7 所示。

图 5-1-7　添加模块

（3）单击模块右侧的"×"图标可以删除当前不需要的模块，如图 5-1-8 所示。

图 5-1-8　删除模块

举一反三

现有店铺主营汉服等中式女装，请打开店铺装修页面，为它们设计一个装修风格，并添加装修模块。

任务评价

评价项目	自我评价（20%）	小组互评（30%）	教师评价（50%）
版式设计（30 分）			
针对客户要求进行设计（30 分）			
完成度（20 分）			
沟通协作素养（20 分）			
综合评价			

任务二 Logo 及店招设计

任务导入

小雅的淘宝店"南瓜家旗舰店"需要装修店招，主营贝贝南瓜，小雅需要为此设计一个 Logo 并制作店招图上传，请你帮助小雅完成生鲜食品店铺的店招图设计，如图 5-2-1 所示。

图 5-2-1 "南瓜家旗舰店"店招图

相关信息说明如下：

产品卖点图尺寸：1 920 像素 ×150 像素；

活动信息：满 50 元减 2 元、满 80 元减 5 元、满 120 元减 10 元；

品牌口号：带你追寻幸福的味道；

文案：南瓜家旗舰店；

导航条：首页有惊喜、所有宝贝、热卖产品、新品上市、宝宝辅食、成人代餐、南瓜、2.8 斤、4.6 斤、6.8 斤。

任务分析

本店铺主营贝贝南瓜，根据农产品的特性，我们可以把本色调定位为：绿色为主，红色调为辅助色，文案根据任务提供的信息进行优化排版。

素材图需要自行拍摄或者使用已提供的素材包。

知识链接

认识网店 LOGO 与店招

认识店招

店招是店铺首页的一个模块，代表着店铺的形象，是品牌展示的窗口，如图 5-2-2 所示。店招相当于线下店铺的牌子，网店店招应处于店铺最显眼的位置。卖家进入你的店铺首先看到的就是店招，如果你制作的淘宝店招能让买家驻足流连，那么，这就是一个成功的店招。

图 5-2-2　店招

一、认识 Logo 与店招

Logo 是品牌形象的核心视觉元素，通过图形、字体、颜色和其他设计元素的独特组合，创作成一个标志。店招位于网店的最顶端，设计成功的店招要求主要有标准的颜色和字体、清洁的设计版面。此外，店招中需要有一句能够吸引消费者的广告语，画面还需要具备强烈的视觉冲击力，清晰地告诉买家你在卖什么，通过店招也可以对店铺的装修风格进行定位。

店招的内容元素一般包括店铺的名称、品牌、店标 Logo、收藏广告语、商品图片、活动促销内容、导航条等，如图 5-2-3 所示。由于现在宽屏电脑非常普及，为了店铺展示效果好看，一些网店在设计店招时其宽度可以超过 950 像素，但最大不超过 1 260 像素，常用尺寸为 1 920 像素 ×150 像素。

图 5-2-3　店招结构

二、Logo 的创作技巧

1.概念提炼

深入了解品牌的核心价值、使命、愿景以及目标受众，提炼出能够代表品牌的关键词或短语。寻找与品牌特性相关的图形、符号、颜色或其他元素，这些元素能直观地传达品牌信息。

2.图形设计

构图简洁，力求线条流畅、形状鲜明，避免冗余复杂的细节，以确保 Logo 在各种尺寸下都清晰可见。

3.色彩运用

根据品牌气质和想要传递的情感，选择合适的色彩方案，比如红色通常代表活力、热情，蓝色常常寓意专业、稳重，要配色协调。

4.字体设计

字体应与品牌特征相符，可以选择优雅的手写体、现代的无衬线字体或经典的衬线字体等，必要时需对品牌名称进行个性化定制。

5.版权合规

在创作过程中，务必确保所有使用的素材均符合版权法规定，避免侵权风险。

三、店招的设计风格

掌握店招的设计要点且能根据店铺形象、特色设计出有创意的店招。下面通过案例进行分析。

婴幼儿商品网店设计思路，如图 5-2-4 所示。以绿色为主，表现出天然、安全的感觉。使用绿色也是为了配合店铺 Logo 的颜色，使整体色调一致。

图 5-2-4　婴幼儿商品网店

食品店招设计思路，如图 5-2-5 所示。用红色作为主色，体现红枣的特色，配色协调同时暖色调会给人温暖、舒适的感受；红色作为底色能突出米黄色的字，且与之协调一致。

图 5-2-5　食品店招

四、店招的设计思路

首先，明确店招的作用：①店招可以表明店铺所售的物品或服务项目等；②可以传递商店的经营理念以及品牌优势等；③可以展示出店铺的特价活动以及促销方式等。

其次，确定店招尺寸。

再次，分析店招元素。确定本次制作的店招要包含的元素和文案，例如店名、口号、优惠券、主推商品。画一个规划效果图，对店招进行布局，如图 5-2-6 所示。

图 5-2-6　店招布局

最后，结合店铺本身色调，进行店招的制作。

任务实施

制作 Logo 与店招

一、制作 Logo

步骤 1　新建文档

执行"文件"→"新建"菜单命令，在"新建"对话框中，设置文件名称为"Logo"，宽度和高度分别设为 500 像素和 500 像素，分辨率为 72 像素/英寸，颜色模式为 RGB 颜色、8 位，背景内容为白色，设置完成后单击"创建"按钮。

步骤 2　绘制图形

（1）新建图层 1，选择工具栏中的椭圆选框工具，按住 Shift 键在画布中画正圆，填充 RGB 颜色为"R：247；G：137；B：0"，颜色代码为"f78900"。

（2）新建图层 2，选择工具栏中的椭圆选框工具，按住 Shift 键画正圆，填充 RGB 颜色为"R：255；G：255；B：255"，颜色代码为"ffffff"，接着通过单击"编辑"菜单中的自由变换工具（快捷键为"Ctrl"+"T"）变形正圆，调整到合适形状，并利用移动工具调整位置，如图 5-2-7 所示。

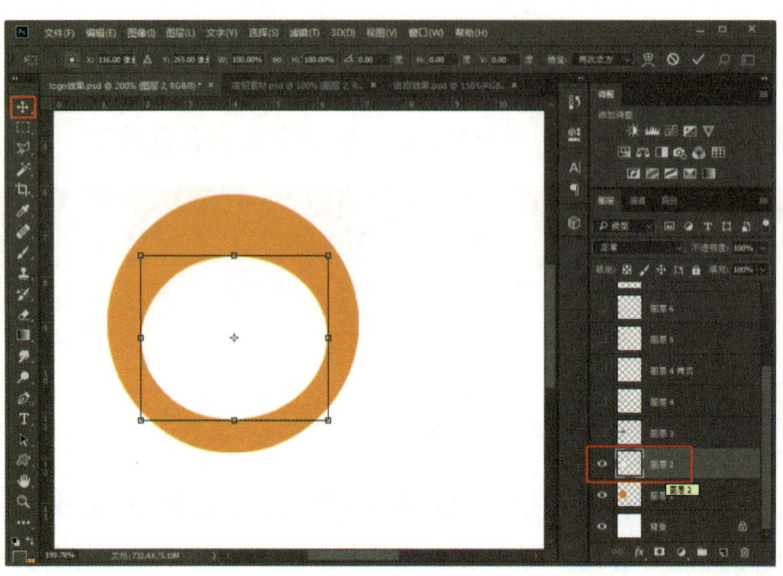

图 5-2-7　新建图层 2

（3）新建图层 3，选择钢笔工具，单击第一个锚点，再单击第二个锚点不松手状态下适当拉弧度，松手按住 Alt 键减掉一半手柄，依次回到原点形成闭环，最后将完成闭环的路径变为选区，可使用"Ctrl"+"Enter"快捷键实现，填充 RGB 颜色为"R：92；G：92；B：92"，颜色代码为"5c5c5c"，如图 5-2-8 所示。

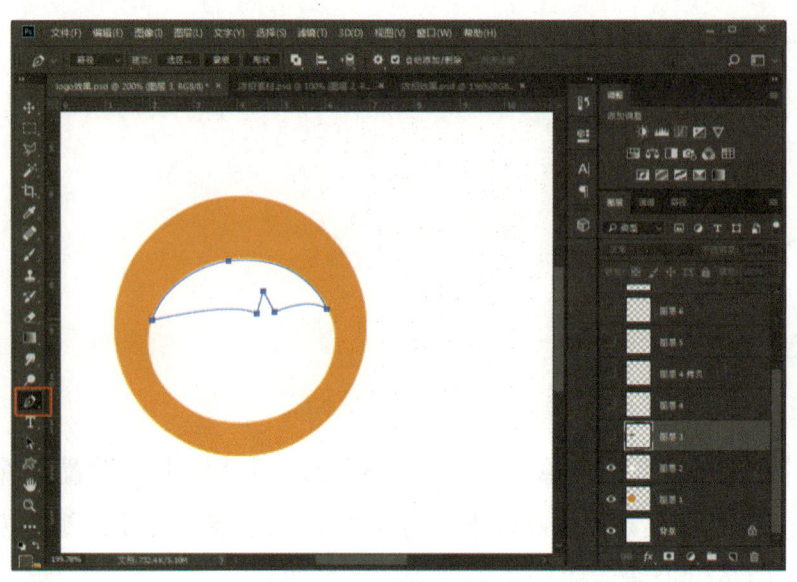

图 5-2-8　钢笔绘制

（4）新建图层4，选择椭圆选框工具，绘制椭圆，填充RGB颜色为"R：92；G：92；B：92"，颜色代码为"5c5c5c"，选择移动工具，按住Alt键选择眼睛并拖曳到右边合适位置，形成"图层4拷贝"。

（5）新建图层5，选择工具栏中的画笔工具后单击工具属性栏中的画笔设置并在画笔形状中将笔尖设置为100%硬度，大小为8像素，将前景色设置为"R：92；G：92；B：92"，颜色代码为"5c5c5c"，然后重新选择工具栏中的钢笔工具，并在路径上单击鼠标右键，选择"描边路径"命令（见图5-2-9），并在描边路径的工具中选择"画笔"选项，然后单击"确定"按钮。

（6）新建图层6，选择椭圆选框工具，绘制椭圆，填充颜色，颜色代码为"eec5c3"，选择移动工具，按住Alt键选择腮红并拖曳到右边合适位置，形成"图层6拷贝"。

图 5-2-9　描边路径

（7）选择自定义形状工具，找到"叶子3"并拖曳，填充颜色，颜色代码为"01804d"，无描边，利用"Ctrl"+"T"快捷键进行变形，将移动工具移动到合适位置，如图5-2-10所示。

（8）选择自定义形状工具，找到"叶子3"并拖曳，选择渐变工具，将第1个色标设置"位置"为0%，填充RGB颜色为"R：1；G：127；B：77"，颜色代码为"01804d"，将第2个色标设置"位置"为100%，填充RGB颜色为"R：110；G：212；B：171"，颜色代码为"6ed4ab"，然后单击"确定"按钮，如图5-2-11所示，并在工具属性栏中选择"线性渐变"，将"叶子3"路径变为选区，可使用"Ctrl"+"Enter"快捷键实现。然后将素材从左到右拖曳完成填充，并利用自由变换工具和移动工具调整到合适位置。

图 5-2-10　自定义形状工具

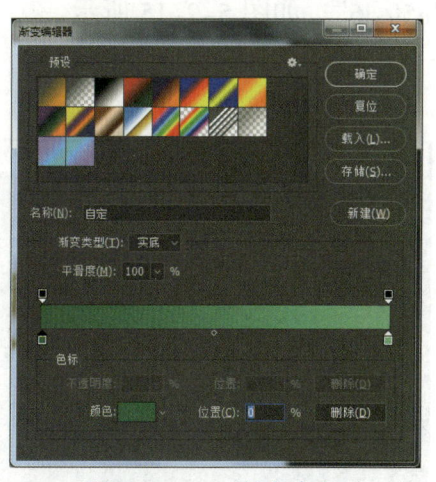

图 5-2-11　渐变参数

步骤 3 插入文字

选择横排文字工具，输入"南瓜家"，字号为 100 点，字体为字魂剑客黑，抗锯齿模式为锐利，颜色代码为"f39801"，删除"背景"图层，如图 5-2-12 所示。

步骤 4 保存文件

单击"文件"→"存储为"菜单命令保存文件，保存类型为"PNG"，文件名为"Logo"，单击"确定"按钮，至此背景为透明色的 Logo 制作完成，效果如图 5-2-13 所示。

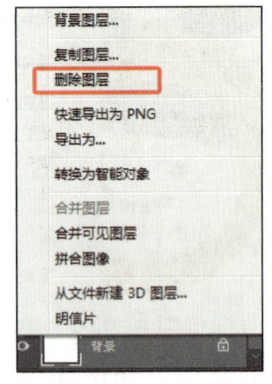

图 5-2-12 删除图层

图 5-2-13 Logo 最终效果

二、制作店招

步骤 1 新建文档

执行"文件"→"新建"菜单命令，在"新建"对话框中，设置文件名称为"Logo"，宽度和高度分别设为 1 920 像素和 150 像素，分辨率为 72 像素/英寸，颜色模式为 RGB 颜色、8 位，背景内容为白色，设置完成后单击"确定"按钮，如图 5-2-14 所示。

步骤 2 制作背景

选择"背景"图层，填充 RGB 颜色为"R: 229；G: 252；B: 214"，颜色代码为"e5fcd6"，如图 5-2-15 所示。

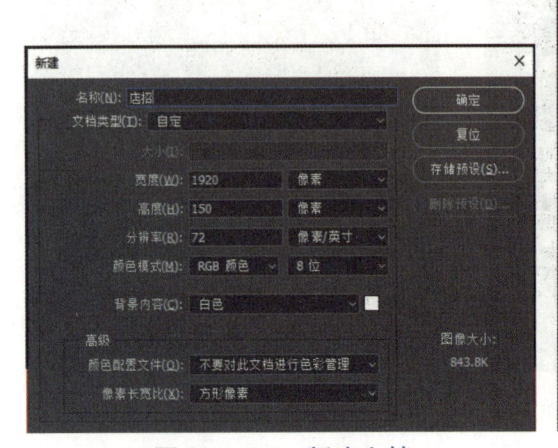

图 5-2-14 新建文档

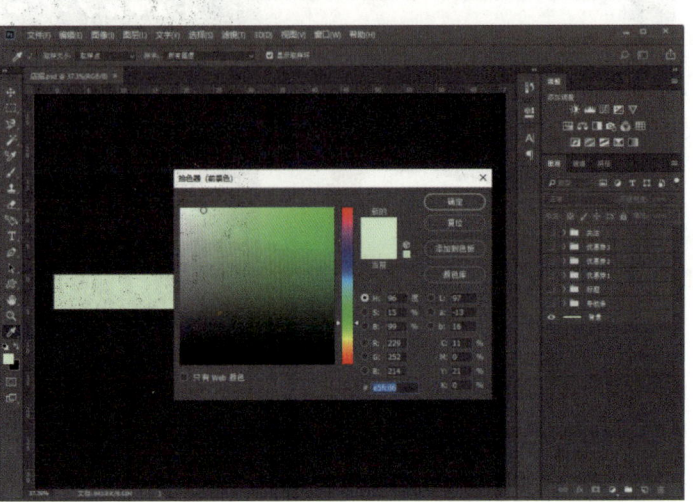

图 5-2-15 制作背景

步骤3 制作导航条

（1）新建组"导航条"，组内新建图层"导航条"，选择矩形选框工具，绘制一个宽为1 cm的矩形，填充RGB颜色为"R：92；G：145；B：59"，颜色代码为"#5c913b"，如图5-2-16所示。

（2）单击菜单栏的"视图"→"新建参考线"命令，打开"新建参考线"对话框，如图5-2-17所示。设置第一条参考线信息，将其设置为垂直，位置为16 cm；第二条参考线信息设置为垂直，位置为51 cm。

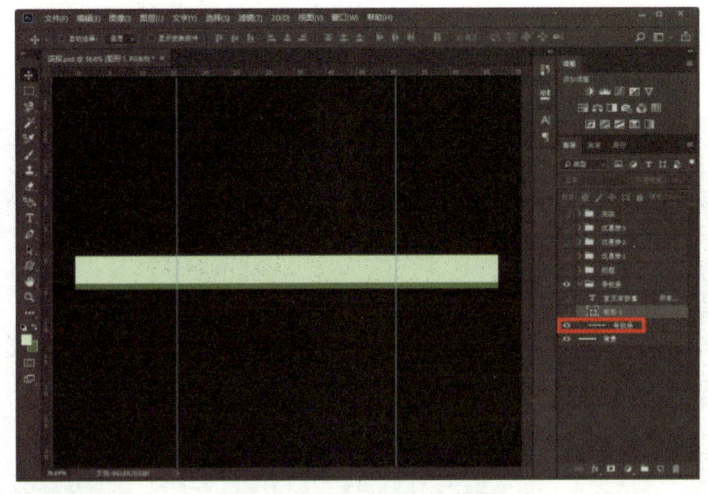

图 5-2-16 导航条背景

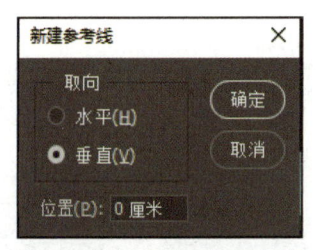

图 5-2-17 新建参考线

（3）选择横排文字工具，输入"首页有惊喜""所有宝贝""热卖产品""新品上市""宝宝辅食""成人代餐""南瓜""2.8斤""4.6斤""6.8斤"，字体为微软雅黑，字号为"16"，犀利，白色，然后调整间距。

（4）选择工具栏中的矩形工具，绘制一个矩形形状，填充RGB颜色为"R：245；G：59；B：60"，颜色代码为"f53b3c"，在工具栏属性中将描边设置为无，把矩形图层拖曳到文字图层下方，利用移动工具移动到"热卖产品"下方，如图5-2-18所示。

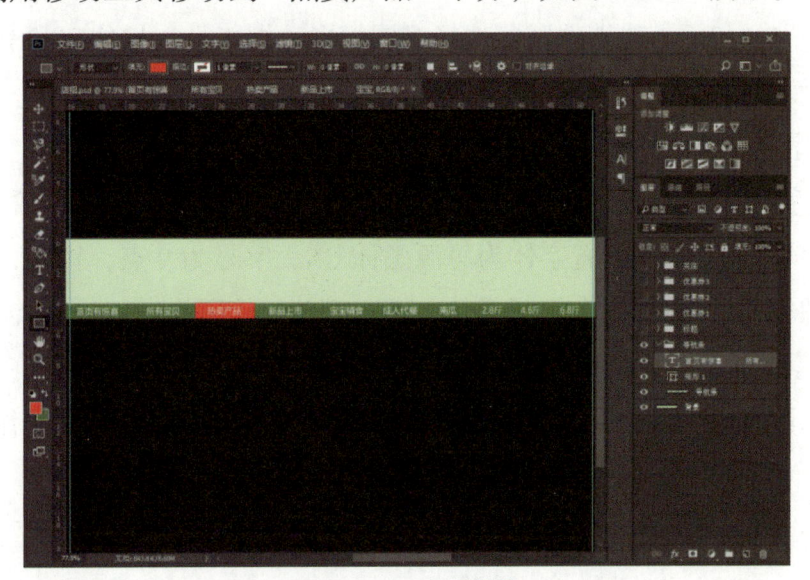

图 5-2-18 导航条

步骤 4　制作标题组

（1）新建组并命名为"标题"，把制作的"Logo"拖曳到"店招"画布中。

（2）输入文字"南瓜家旗舰店"，字体为微软雅黑，字号为 35 点，犀利，颜色代码为"5c913b"。输入文字"带你追寻幸福的味道"，字体为微软雅黑，字号为 16 点，犀利，颜色代码为"5c913b"。

（3）新建图层"横线 1"，选择矩形选框工具，画一个横向的矩形，选择渐变工具，设置颜色代码为"5c913b"，完成不透明到透明的渐变，如图 5-2-19 所示。拖曳"横线 1"复制图层，重命名为"横线 2"，右移，按"Ctrl"+"T"快捷键，右击进行水平翻转，然后按回车键，如图 5-2-20 所示。

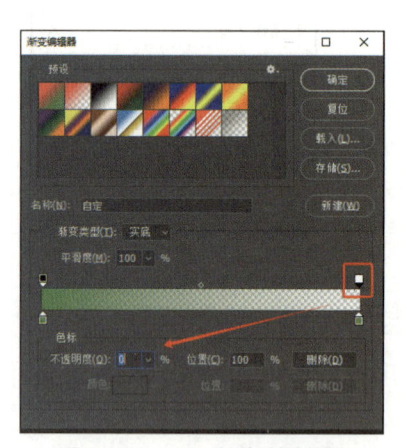

图 5-2-19　渐变编辑器　　　　图 5-2-20　标题组

步骤 5　制作优惠券组

（1）新建组并命名为"优惠券 1"，新建图层"背景"，选择矩形选框工具，绘制填充颜色，颜色代码为"5c913b"，取消选区，选择椭圆矩形选框工具，按住 Shift 键绘制正圆选区，选择背景图层，按 Delete 键，减掉半圆，右移再次删除，取消选区。

（2）输入文字"￥2"，设置字体为思源黑体 CN，字号为 30 点，浑厚，白色。

（3）输入文字"优惠券"，设置字体为思源黑体 CN，字号为 14 点，锐利，白色。输入文字"单笔付款满 50 使用"，设置字体为思源黑体 CN，字号为 9 点，锐利，白色。

（4）选择椭圆工具，绘制一个椭圆形状，填充颜色，代码为"ad4466"，描边无。

（5）输入文字"抢"，设置字体为思源黑体 CN，字号为 14 点，犀利，白色。

（6）重复步骤（1）~步骤（5），完成满 80 减 5、满 120 减 10 的操作，如图 5-2-21 所示。

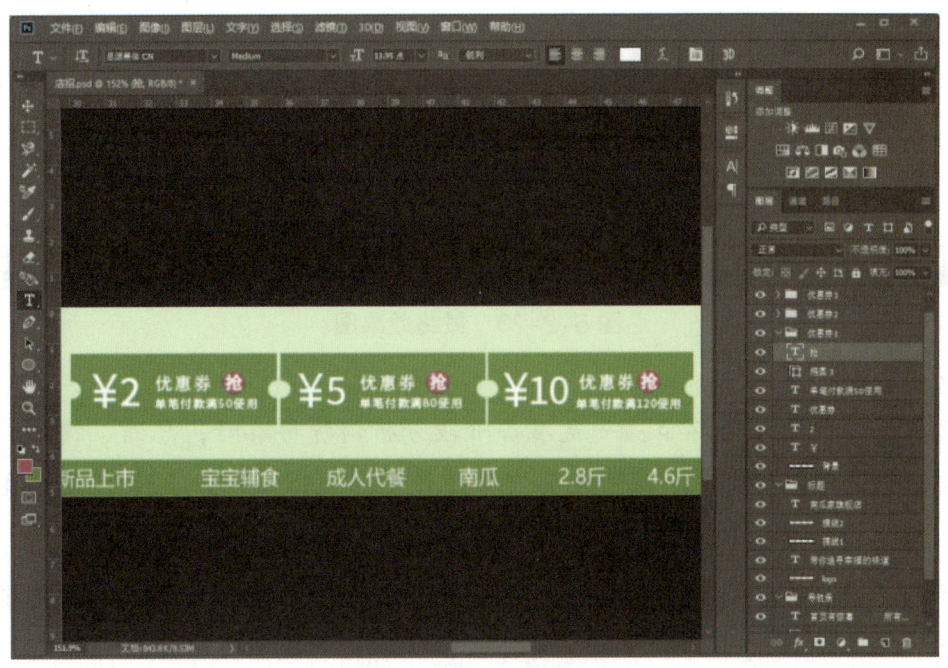

图 5-2-21 优惠券

步骤 6　制作关注组

（1）新建组"关注"，选择圆角矩形工具，命名为"形状"，填充的颜色代码为"f53b3c"，描边无，半径为 10 像素，对齐边缘。选择自定义形状工具选择心形并拖曳。

（2）输入文字"关注"，字体为宋体，字号为 14 点，白色。

（3）输入文字"关注"，字体为宋体，字号为 48 点，颜色代码为"f53b3c"，右击文字图层进行栅格化，选择矩形选框工具选中变形位置，复制粘贴，删除，再移动新粘贴的图层，如图 5-2-22 所示。

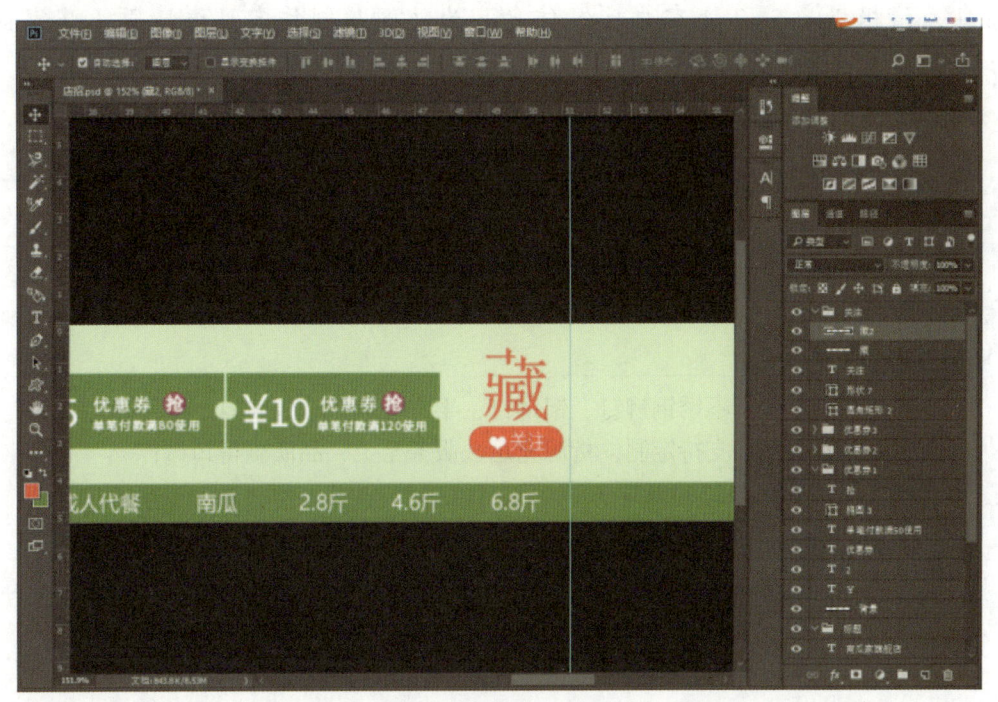

图 5-2-22　关注组

步骤7　保存文件

单击"文件"→"存储为"菜单命令保存文件,保存类型为JPG,文件名为"店招",然后单击"确定"按钮,店招制作完成,如图5-2-23所示。

图5-2-23　最终效果图

小贴士

制作卖点图有两大难点环节:一是准备阶段分析消费群喜好,总结、提炼、抓取商品的核心卖点;二是利用PS软件制作时如何排版构图。大道至简,大家只需站在买家角度思考问题,用主次分明的方式呈现即可。

一个产品想要出圈,卖点必须鲜明。这里所谓的卖点就是客户最想获得的服务,这个也可以叫客户痛点。我们知道了顾客需要什么,然后在卖点图上体现,抓住顾客所需及所顾虑来做卖点图,一般情况下这样的卖点图点击率都不会低。

制作卖点图可以进行组合设计,例如创意和卖点型组合、卖点型和颜色型组合、卖点型和活动类组合。手机端展现的卖点不宜多,多了则失去了重点,将自己的卖点根据自己的产品和市场实际情况来组合。通过以上几个角度,相信大家就不会盲目,可以有方向性地制作自己的产品卖点图了。

举一反三

"九零机械配件有限公司"网店制作首页,现征集店招页。设计师与客户沟通后得到了需求信息,请根据表5-2-1客户反馈信息,为该网店制作宝贝详情页(店家提供的商品图见资源包)。

表5-2-1　"九零机械配件有限公司"网店客户需求信息

项目	客户反馈
颜色	白色、蓝色
风格	简洁、清晰
文案信息	主营:生产不锈钢铆钉、铝铆钉、半空心铆钉、铜铆钉、不锈钢空心铆钉等; 生产厂家:支持定制,货源充足,服务至上,品质赢得口碑; 联系方式:123-4567-0089
用途	店招图
页尾尺寸	宽192像素,高度不限(根据实际情况)

任务评价

评价项目	自我评价（20%）	小组互评（30%）	教师评价（50%）
版式设计（20分）			
针对客户要求进行设计（20分）			
颜色搭配（20分）			
文案提炼（15分）			
页尾图的完成度（15分）			
沟通协调素养（10分）			
综合评价			

任务三　轮播图海报设计

任务导入

小雅的淘宝店需要装修店铺首页，小雅需要为此设计轮播图海报并制作上传，请你帮助小雅完成轮播图海报设计，如图5-3-1所示。

相关信息说明：

产品卖点图尺寸：1 920像素×900像素，分辨率为72像素；

产品主体：南瓜；

色调：以红色＋黄色色调为主；

产品关键词：贝贝南瓜。

文案：

（1）主标题：粉糯贝贝南瓜 下单立享美味。

（2）副标题：今日购买 九折促销。

（3）添加按钮："立即购买"按钮。

所需素材图拍摄：拍摄角度重点体现商品完整样貌。

图5-3-1 轮播图

任务分析

首先分析商品，我们先分析农产品的特性再确定色调；其次提炼标题文案，根据提供的文案进行排版；最后准备素材图。

知识链接

认识轮播图

轮播图占据的面积较大，是整个网店首页中最醒目、最具有视觉冲击力的区域。如果首页轮播图区做得非常吸引眼球，就会给网店带来很多的流量。

一、认识轮播区

网店的首页轮播图主要用于告知买家店铺某个时间段的广告商品或者促销活动，位于网店导航条的下方位置。它的主要作用就是告知买家店铺在某个特定时间段的一些动态信息，帮助买家快速了解店铺的活动或者商品信息。如图 5-3-2 所示为首页横版海报。

图 5-3-2　首页横版海报

二、轮播图尺寸要求

店铺图片轮播时，其宽度是 950 像素，高度一般为 300~500 像素；全屏海报/轮播海报尺寸为宽度 1 920 像素，高度一般为 400~800 像素。

三、轮播图设计要点

网店首焦轮播区根据设计的内容可以分为新品上架、店铺动态、活动预告等，不同的内容其设计的重点也是不同的。

首焦轮播区中的文字表现也是相当重要的一个方面。通常情况下会使用字号较大的文字来突出主要信息，同时搭配上字号较小的文字来进行补充说明，并利用文字之间的组合编排来突出艺术感。首焦轮播区犹如卖家的外在形象一样，在设计时用来搭配的图片不能太复杂，这样才能突出主题。同时，要采用符合店铺商品形象的文字，以避免给人凌乱的感觉。

将文字放在画面的中央位置，突出其内容信息。把商品放在画面两侧，加上协调的色彩搭配，营造出精致、时尚的氛围，重点表现商品的形象，如图5-3-3所示。

对文字进行艺术化的编排，通过变形文字来增强文字的可读感和艺术性，而背景中的图像则以辅助修饰的方式呈现，使主题文字更加突出，如图5-3-4所示。

图5-3-3　文字居中海报　　　　　　图5-3-4　变形文字海报

任务实施

如何呈现核心卖点

前面讲述了卖点提炼技巧，按技巧提炼出来的卖点肯定比较多，而核心卖点可以反复多次在不同位置以不同形式（视频、图片、文字等）呈现，所以在卖点图上可以考虑呈现核心卖点。

步骤1　新建文档

新建一个尺寸大小为1 920像素×900像素，分辨率为72像素的画布，命名为"轮播图"。

步骤2　制作背景

（1）新建图层，填充颜色代码为"ac261d"。

（2）选择椭圆选框工具，羽化50像素，按住Shift键画正圆，填充颜色代码为"e83e29"。

（3）把"桌面""窗户""窗帘"素材拖曳进来，并调整位置。

（4）利用Photoshop打开"南瓜.jpg"，双击背景图层，单击"确定"按钮，解锁图层，如图5-3-5所示。

图5-3-5　解锁背景图层

（5）选择魔棒工具，单击白色背景区域，选择"删除"按钮，通过"Ctrl"+"D"快捷键取消选区，利用移动工具选择南瓜，拖曳到"轮播图"画布中，利用"Ctrl"+"T"快捷键调整大小，如图5-3-6所示。

图 5-3-6　南瓜素材

步骤 3　制作文案

（1）新建组"文案"，选择横排文字工具，输入"粉糯贝贝南瓜 下单立享美味"，字体为字魂剑客黑，字号为 116 点，锐利，白色。

（2）输入"今日购买 九折促销"，字体为字小魂简雅黑，字号为 62 点，锐利，白色。

（3）选择圆角矩形工具，填充颜色代码为"c31820"，描边无，半径为 10 像素。

（4）选择圆角矩形工具，填充颜色代码为"fb3944"，描边无，半径为 10 像素。选择移动工具，利用键盘上的向上箭头，向上移动错开位置。

（5）输入"立即购买"，字体为字小魂简雅黑，字号为 36 点，锐利，白色。

（6）选择自定义形状工具，选择"三角形"并拖曳一个白色的三角形，利用变形快捷键"Ctrl"+"T"调整位置，按回车键，如图 5-3-7 所示。

图 5-3-7　制作文案

步骤 4　保存文件

选择 "文件" → "存储为" 菜单命令保存图片即可，最终效果图如图 5-3-8 所示。

图 5-3-8　最终效果图

小贴士

制作轮播图海报要注意四点：一是视觉吸引力设计，要创建引人注目的视觉效果，需要高质量的产品图片和创新的设计理念，同时要考虑颜色搭配、排版布局以及动画过渡效果等因素，以吸引消费者的注意力并激发购买欲望。

二是信息传递效率，在有限的空间内有效传达关键信息是一大挑战。轮播图不仅要有美感，还要清晰地展示产品特性、优惠活动、品牌故事等内容，确保用户快速理解广告意图。

三是适应不同尺寸和设备，需要根据不同电商平台的规定和用户浏览习惯，制作适配多种屏幕分辨率和设备类型的轮播图，包括 PC 端和移动端的不同尺寸。

四是内容更新与维护，商家需根据销售策略、节日促销、新品上市等情况及时更新轮播图内容，保持新鲜感和时效性。

总之，成功的店铺轮播图不仅要具备美学价值，更要满足商业目标，这对设计师和技术人员都提出了较高的要求。

举一反三

"福光杯"网店刚到了一款新品保温杯，现征集新款保温杯的轮播图海报。设计师与客户沟通后得到需求信息，请根据表 5-3-1 客户反馈信息，为该网店制作轮播图海报（店家提供的商品图见资源包）。

表 5-3-1　"福光杯"网店客户需求信息

项目	客户反馈
颜色	白色、黑色
风格	简洁、时尚
关键信息	尼龙宽边提绳、便捷开关、秋冬新品、5 折起
用途	保温杯
轮播图尺寸	宽 192 像素，高度不限（根据实际情况）
宝贝文案	简短、强调卖点
活动时间	10 月 20 日至 10 月 30 日

任务评价

评价项目	自我评价（20%）	小组互评（30%）	教师评价（50%）
版式设计（20分）			
针对客户要求进行设计（20分）			
颜色搭配（20分）			
文案提炼（15分）			
轮播图的完成度（15分）			
沟通协调素养（10分）			
综合评价			

任务四 页尾设计

任务导入

小雅的淘宝店主营商品生鲜蔬菜类，需要装修店铺首页，小雅需要为此设计页尾并制作上传，请你帮助小雅完成页尾设计，如图5-4-1所示。

图5-4-1 轮播图

相关信息说明：

页尾图尺寸：1 920像素×752像素，分辨率为72像素；

品牌文化：带你追寻幸福的味道；

色调：以白色＋绿色色调为主。

文案：

（1）温馨提示：购买后如发现质量问题，请不要直接差评，请先跟我们客服联系，我们一定会给您满意答复！

（2）关于快递：默认中通申通快递，如果需要发其他快递，拍之前先联系客服！包邮商品偏远地区需另补邮费！

（3）关于赔付：请签收后及时检查，如有损坏请务必在签收后24小时内提供实物照片联系客服处理。超过24小时生鲜自身品质变化不属于赔付范围，请您谅解。

（4）关于退换货：由于生鲜商品的保质期短，商品发出后不支持7天无理由退换。

所需素材图：自行制作或者使用可商用图形。

任务分析

首先分析店铺销售商品的类目，整体构思店铺首页的页尾部分，不能只针对某一商品；其次要提炼文案，或者根据客户提供的文案进行排版美化，最后准备素材图。

知识链接

初识首页页尾

自定义内容在旺铺中可以添加多个，一般放在店招下面的模块中作为一个店铺公告栏，如果说店招是店铺的左眼，首页页尾就是右眼。这好比是网店的一个名片，是店铺信息传播的末端位置。在页尾中可以把店铺的品牌实力、客服联系方式、售后服务写在上面。语言要精练简短，有内涵，否则买家不会有耐心看完。卖家可以根据情况自行设计页尾模块大小，通常尺寸为：长1 290像素 × 宽300~320像素，如图5-4-2所示。

图5-4-2 首页页尾

一、淘宝网店首页装修的页尾作用

页尾是与页头相呼应的模块，使店铺页面在结构上实现了完整性，同时页尾对店铺的形象展示、店内分流也起到了很大的作用。

页尾相对来说，内容会少点，而且系统默认只能放一个自定义的模块。

在设计上也要注意与整体风格统一，放一些消费者保障信息等，通常来说，大部分卖家都是放一些联系方式、电话等内容，以及"7天无理由退换货"等，增加消费者对店铺的信任感。

二、淘宝网店首页装修的页尾运用

（1）客服联系方式。很多店铺会将客服联系方式设置在左右两边，而设置到页尾的目的就是页头和页尾属于共同页面，增加展示机会，方便顾客咨询，如图5-4-3所示。

图 5-4-3　商家热线

（2）售后服务。用于提醒客户注意事项，如图5-4-4所示。

图 5-4-4　售后服务展示

（3）品牌故事，让消费者了解更多品牌历史，增加品牌忠诚度，如图5-4-5所示。

（4）返回顶部，给予消费者浏览方便，快速找到更多商品，如图5-4-6所示。

图 5-4-5　品牌故事　　　　　　　　　　图 5-4-6　返回顶部

（5）关于我们。讲解店铺的文化、特色、内涵等，店铺加入了哪些保障服务等，如图5-4-7所示。

图 5-4-7

任务实施

制作页尾

接下来进行页尾案例的制作，兼顾了美学与实用性，包含"温馨提示""关于快递""关于赔付""关于退换货"文案，进行了巧妙的布局设计。

步骤 1　新建文档

新建一个尺寸大小为 1 920 像素 ×752 像素，分辨率为 72 像素的画布，命名为"页尾"，如图 5-4-8 所示。

图 5-4-8　新建文档

步骤 2　绘制背景

新建图层"山坡"，选择钢笔工具，画出背景弧形山坡，填充颜色的代码为"6da923"，如图 5-4-9 所示。

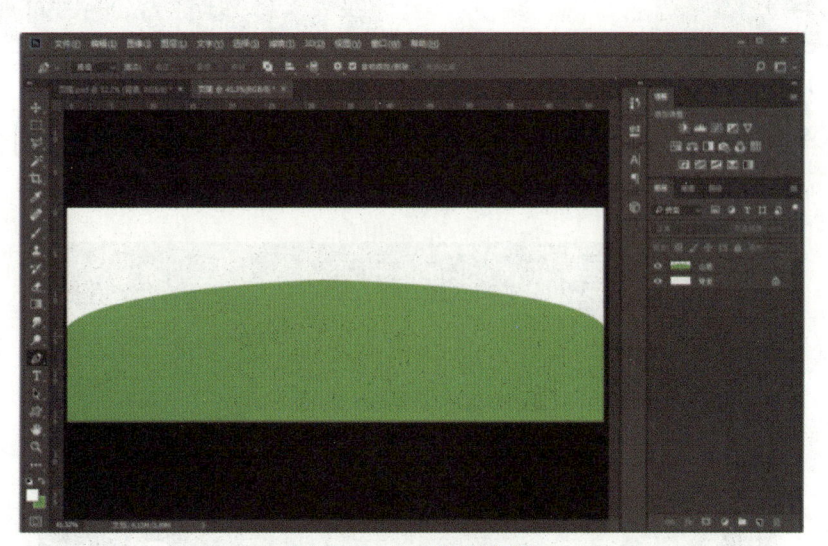

图 5-4-9　绘制背景

步骤 3　导入图形

打开"页尾素材.psd"，把猪、牛、羊、树拖曳进"页尾"画布中，并利用"Ctrl"+"T"快捷键变换调整到合适大小，利用移动工具调整到合适位置，如图 5-4-10 所示。

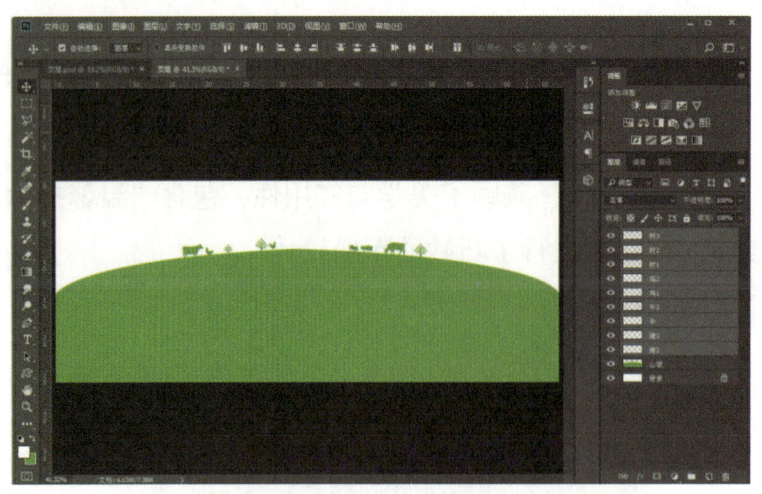

图 5-4-10 导入图形

步骤 4　绘制线条

（1）为了画布均匀划分区域，利用"视图"→"新建参考线"命令，分别建立 5 cm、19.4 cm、33.8 cm、48.3 cm 垂直参考线，4 个空格中间距均为 14.4 cm，再建立 12.4 cm 水平参考线，如图 5-4-11 所示。

（2）在第 2、3、4 垂直参考线处绘制垂直线条，选择钢笔工具，同时按住 Shift 键即可绘制垂直路径，右击菜单栏中选择描边路径，默认铅笔描边 1 像素，颜色代码为"ffffff"，如图 5-4-12 所示。

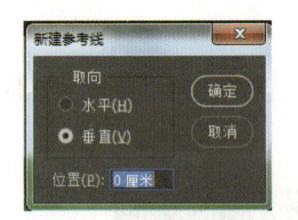

图 5-4-11　新建参考线　　　　图 5-4-12　描边路径

（3）重复步骤（2），在画布下方绘制水平线条，利用移动工具放置到合适位置，如图 5-4-13 所示。

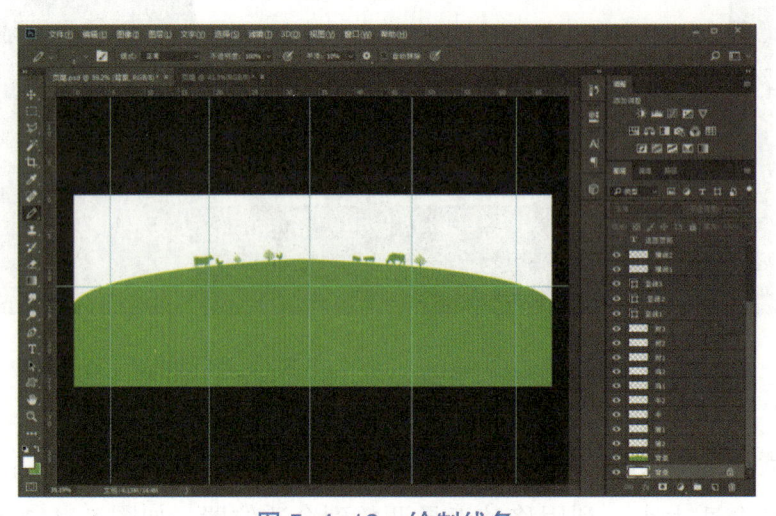

图 5-4-13　绘制线条

步骤 5　插入文字

（1）选择文字工具输入"带你追寻幸福的味道"，设置字体为字魂剑客黑，字号为 96 点，犀利。

（2）选择文字工具输入"温馨提醒："关于快递：""关于赔付：""关于退换货："，设置字体为微软雅黑 Bold，字号为 37 点，犀利。

（3）选择文字工具输入"购买后如发现质量问题，请不要直接差评，请先跟我们客服联系，我们一定会给您满意答复！""默认中通申通快递，如果需要发其他快递，拍之前先联系客服！包邮商品偏远地区需另补邮费！""请签收后及时检查，如有损坏请务必在签收后 24 小时内提供实物照片联系客服处理。超过 24 小时生鲜自身品质变化不属于赔付范围，请您谅解。""由于生鲜商品的保质期短，商品发出后不支持 7 天无理由退换。"，并设置字体为微软雅黑 Regular，字号为 31 点，犀利。

（4）选择文字工具输入"返回顶部"，设置字体为微软雅黑 Regular，字号为 18 点，犀利，如图 5-4-14 所示。

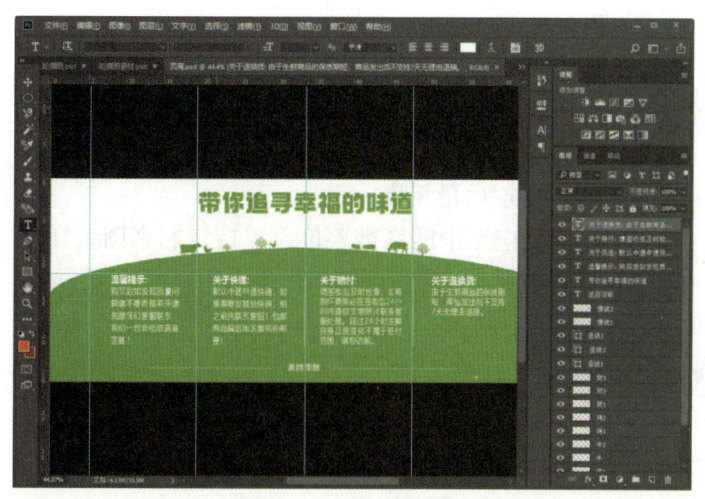

图 5-4-14　插入文字

步骤 6　清除参考线

选择"视图"→"清除参考线"命令，清除掉画布中所有的参考线，单击"文件"→"存储为"菜单命令保存图片即可，最终效果图如图 5-4-15 所示。

图 5-4-15　最终效果图

小贴士

制作页尾要注意以下两点：

一是法律合规性：根据法律法规要求，放置必要的版权声明、隐私政策、用户协议链接等。若涉及品牌授权，可放置授权证明或者正品保证等相关声明。

二是页面布局：页尾布局应清晰有序，采用简洁明了的设计，避免过多繁杂的信息堆积，影响阅读体验。可以使用分栏或者折叠菜单的形式展示详细信息，既节省空间又方便用户查看。总之，页尾作为店铺的"最后一瞥"，应充分考虑其功能性与装饰性，力求为顾客提供便捷的服务入口，同时传达出店铺的专业性和可靠性。

举一反三

"五金机械"网店装修首页，现需要完成页尾图。设计师与客户沟通后得到需求信息，请根据表5-4-1客户反馈信息，为该网店制作页尾（店家提供的商品图见资源包）。

表5-4-1 "五金机械"网店客户需求信息

项目	客户反馈
颜色	红色、蓝色
风格	简洁
文案信息	贴心服务 质量无忧 厂家供应无中间商赚差价、支持定制来图来样可定做、货源充足满足客户采购需求、质量可靠大厂生产出口品质
用途	页尾图
页尾尺寸	宽192像素，高度不限（根据实际情况）

任务评价

评价项目	自我评价（20%）	小组互评（30%）	教师评价（50%）
版式设计（20分）			
针对客户要求进行设计（20分）			
颜色搭配（20分）			
文案提炼（15分）			
页尾图的完成度（15分）			
沟通协调素养（10分）			
综合评价			

素养视窗

SUYANG SHICHUANG

　　中国共产党第二十次全国代表大会在文化建设方面提出了重要论述，强调要推进文化自信自强，铸就社会主义文化新辉煌。鼓励文化创新创造，推动中华优秀传统文化创造性转化、创新性发展，使之与现代社会相协调，服务于人民日益增长的美好生活需要。因而在网店装修设计中我们也可以融入中华优秀传统文化。

　　中国传统文化与现代设计的碰撞融合，是近年来创意产业和设计领域的一个重要趋势，这一现象不仅体现了对传统文化的传承与创新，也展现了全球化背景下文化的多样性和包容性。以下几点概括了这一碰撞的具体表现和意义。

　　（1）元素提取与再创造：设计师们从中国丰富的传统文化中提取元素，如书法、水墨画、剪纸、传统图案（如云纹、龙凤、祥云）、民间艺术等，并将这些元素融入现代设计之中，创造出既具有传统韵味又不失现代感的作品。例如，将传统图案应用于时尚服饰、产品包装、室内装饰等，实现了传统与现代的对话。

　　（2）文化叙事：设计不仅仅是视觉上的融合，更在于讲述中国故事，传递文化价值。许多设计作品通过现代设计语言重新诠释历史故事、神话传说、民俗风情，增强了文化认同感，同时也让国际受众能够理解和欣赏中国文化的独特魅力。

　　（3）博物馆文创产品的创新：博物馆利用馆藏文物资源开发文化创意产品，如马踏飞燕玩偶、四羊方尊考古巧克力、陶鹰鼎雪糕等，这些产品既保留了文物的历史韵味，又以新颖有趣的形式呈现，深受市场欢迎，成为传统文化与现代设计结合的成功案例，例如故宫文创如图5-4-16所示。

图5-4-16　故宫文创产品

　　（4）书籍装帧与视觉传达：书籍装帧设计中融入中国传统文化元素，如采用传统线装、宣纸材质，或是在封面设计中加入中国画、书法等元素，不仅美化了书籍，也让阅读成为一种文化体验，加深了读者对中国文化的理解。

（5）数字媒体与科技融合：在数字艺术、虚拟现实（VR）、增强现实（AR）等新兴技术领域，中国传统文化元素被赋予新的生命。通过这些技术，传统文化得以以全新的互动方式呈现，拓宽了文化传承的边界。

（6）社会责任与可持续发展：在设计中融入对环境的关怀和可持续发展的理念，这也是对传统文化中"天人合一"哲学思想的现代诠释。设计师在选材、生产方式上追求环保，体现了传统文化与现代设计理念的深度结合。

总之，中国传统文化与现代设计的碰撞，不仅促进了文化资源的活化利用，也为设计行业注入了新鲜血液，推动了文化产业的发展，同时在全球范围内提升了中国文化的影响力。

项目六

商品主辅图设计

项目简介

店铺风格由经营的商品和定位来决定，它体现着网店独特的格调。色彩的搭配要符合整个店铺的主题，不能盲目搭配，要体现出店铺的品牌文化及形象，还便于记忆。因此，要学会用图文来展示说明。

学习目标

知识目标

1. 能根据所经营的网店风格定位完成主图的制作，掌握优化主图的方法和技巧。
2. 了解淘宝主图视频使用规则，能够使用淘拍拍摄剪辑工具发布主图视频。
3. 能够使用 Premiere 编辑制作主图视频。

能力目标

1. 能够挖掘商品特点并设计出吸引人的商品主图。
2. 掌握直通车设计图的布局原则与引流关键。
3. 能够熟练制作直通车推广图。

素质目标

1. 建立良好的设计思维，培养积极向上的审美观。
2. 培养学生的综合素养、文化素养，追求精益求精的严谨态度和卓越的工匠精神。

任务一　产品主图设计

任务导入

小雅的淘宝店需要上新产品即山东特色产品贝贝南瓜，小雅需要为此产品上传产品主图，请你帮助小雅完成贝贝南瓜5个符合要求的主图设计。

任务分析

要完成商品主图的设计，需要掌握主图的制作步骤，学习主图的制作规范和要求，为了获得更多的访问量和点击率，还要对主图进行优化。

知识链接

产品主图的概念

当消费者在电商平台中搜索商品时，显示在搜索结果页面中的若干张商品图片就是商品主图。如果消费者对搜索结果页面中的某款商品感兴趣，就会单击这款商品的主图。商品主图是消费者对商品的第一印象，决定了消费者是否会点击打开商品详情页面，并对商品产生购买欲望。因此，商品主图的设计专业性和视觉吸引力直接影响着网店的点击率和转化率。一张吸引人的创意主图对于店铺装修来说是非常重要的。

任务实施

主图的制作与规范

一、主图制作

步骤1　新建画布

新建一个画布，如图6-1-1所示，画布大小为800像素×800像素，如图6-1-1所示。

步骤2　复制图片

打开一张相对清晰的图片，精度要高，复制到画布上去，如图6-1-2所示。

步骤3　调整色相/饱和度

为了提高图片的饱和度和亮度，按"Ctrl"+"U"快捷键，然后根据图片的特点，设置色相、饱和度和明度，让图片在接近实物的同时，又显得比较鲜亮，如图 6-1-3 所示。

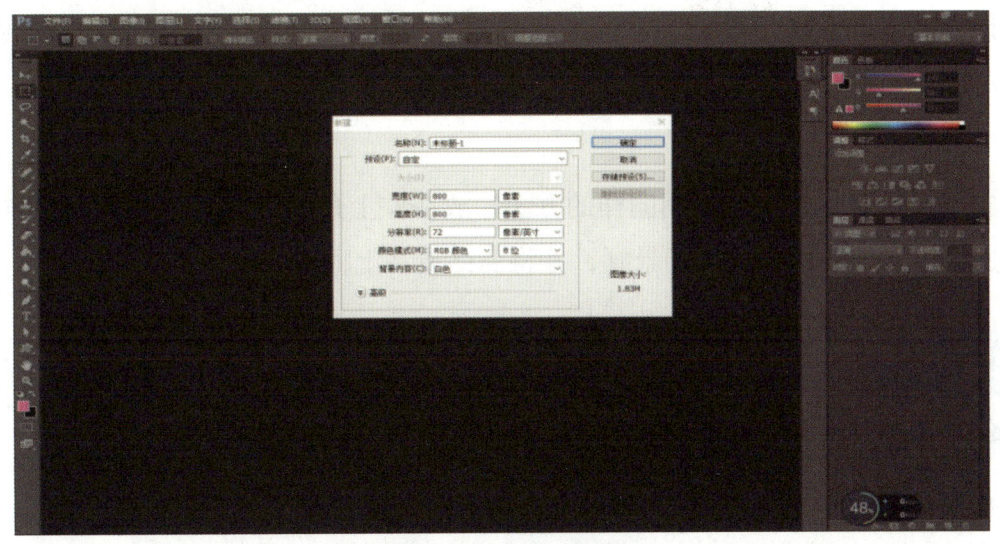

图 6-1-1　新建画布

图 6-1-2　复制图片

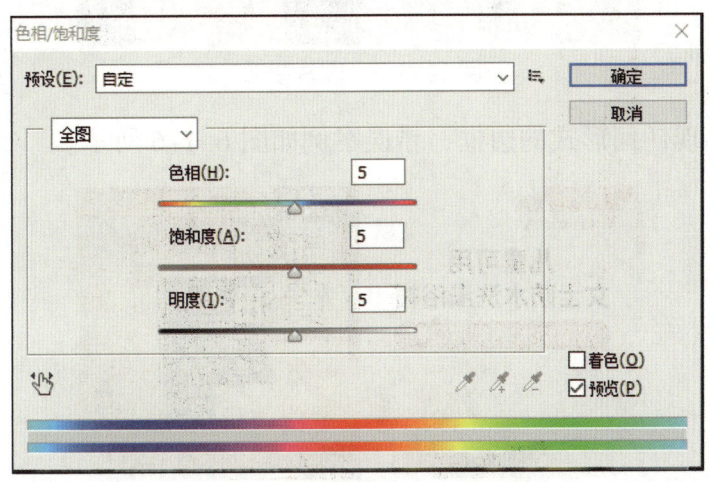

图 6-1-3　调整色相 / 饱和度

步骤 4 保存图片

选择拖动工具并按住鼠标左键，将水印图拖到主图中，也可以通过复制、粘贴来完成。调整好图片大小，放在相应的位置，保存为JPG格式就可以了。

步骤 5 设置Logo

若要放品牌的Logo，也可以用同样的方法，放在左上角，注意大小要符合标准。对于背景也可以选择有意境的风景画或场景画，并将商品放在上面。

二. 主图制作规范

步骤 1 设计Logo的放置

将Logo放在左上方，如图6-1-4所示。

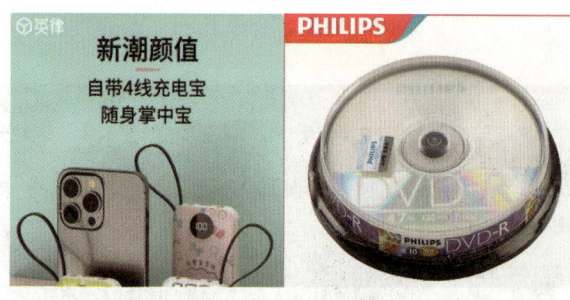

图 6-1-4 Logo

步骤 2 注意图片制作规范

（1）图片不得拼接，错误案例如图6-1-5所示。

图 6-1-5 图片拼接

（2）图片不得出现任何形式的边框，错误案例如图6-1-6所示。

图 6-1-6 图片边框

（3）图片不得包含促销等文字说明，错误案例如图 6-1-7 所示。

（4）图片不得出现水印，错误案例如图 6-1-8 所示。

图 6-1-7　促销文字

图 6-1-8　图片水印

（5）图片不得留白，错误案例如图 6-1-9 所示。

（6）图片必须是实物，错误案例如图 6-1-10 所示。

图 6-1-9　图片不得留白

图 6-1-10　图片实物

三、主图优化

访客越多销售额才可能越高。要想提高访客量和销售额，需要提高两个数据——曝光量和点击率。

一般情况下，推广主要是为了提升曝光量，在点击率一定的情况下，曝光量越高点击量就越高。在同样曝光量的情况下，如果点击率提升一倍，则流量也会提升一倍。如果想要获得点击量，就要在主图中突出自己的差异化，可以在以下 3 个方面进行改进。

步骤 1　背景设计

背景，也就是主图背景。它的重要性在于，商品主图是跟上下左右附近的其他商品主图在竞争，想让顾客第一眼就注意到，必须要求该背景要明显区别于其他背景，多吸引一点注意力就有可能增加点击率，毕竟这是一个视觉营销的时代。顾客的注意力比较有限，能够吸引顾客的注意力也就相当于取得了初步的成功。如图 6-1-11 所示，左边的图有场景，生活感强，能给用户代入感，让他们产生联想：孩子穿上的时候也会是这种感觉。而右边的图只是纯色底图，亲和度不高，有距离感。

图 6-1-11 图片背景

步骤2 设计卖点

只有主图上的卖点取得初步成功，赢得了顾客的注意，顾客才会进一步地认真看主图。此时，如何打动顾客点击链接进入页面，就需要在卖点呈现上下功夫了。对于自己商品的卖点，自己应该最清楚，因为详情页里为了勾起顾客的购买欲，已经将这些卖点描述出来了。这个时候，应把所有的卖点列个表，然后将最能吸引顾客点击的卖点放在主图上，如图 6-1-12 所示。

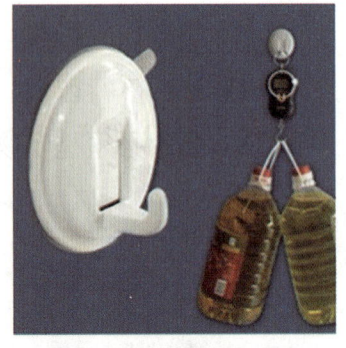

图 6-1-12 设计卖点

步骤3 提出创意

主图上卖点的创意是非常不错的，如何表达卖点，会对点击率有很大的影响。有这样一个案例：同一款裙子，通过不同的模特造型摆设，点击率从 0.5% 提升到 0.7%。当通过不同测试找到最能吸引顾客的卖点后，就需要优化卖点的创意了，这样才能更好地提升点击率。

举一反三

为小雅的服装店铺制作产品主图，编辑发布商品。主图制作要求：

（1）挑选好看的原图，主图一般可以上传 4~6 张不同角度的图片，图片大小为 800 像素 ×800 像素。

（2）遵守主图制作规范，对图片进行优化。

任务评价

评价项目	自我评价（20%）	小组互评（30%）	教师评价（50%）
设计实施方案（20分）			
实施操作（30分）			
修改优化（20分）			
表达并交流（20分）			
反思，提出新问题（10分）			
综合评价			

任务二　主图视频拍摄与制作

任务导入

小雅的淘宝店铺已完成产品的上传，主图的呈现效果对商品的购买和转化率会产生影响，而视频的影音动画呈现，在短时间内可提升买家对商品的认知度，促进买家做出购买决定。

任务分析

要完成商品视频的拍摄，先要学习视频构图和取景；熟悉淘宝常用的视频制作工具，如淘拍和PR。

知识链接

认识商品主图

买家进入商品详情页首先看到的是商品主图，主图的呈现效果将对商品的购买和转化率产生重要的影响，而视频的影音动态呈现，将有效地在最短时间内提升买家对商品的认知度，促进买家做出购买决定。主图视频开始进入导购频道并且进入主搜展现后，可以给店铺引流。

1. 主图视频构图法则

为主图视频拍摄取景时，需要遵循以下构图法则。

（1）主体明确。画面构成应主要突出主体，所以在构图时，需要将主体放在醒目的位置。按照人们的视觉习惯，主体位于画面中心位置更容易明确主体，如图6-2-1所示。

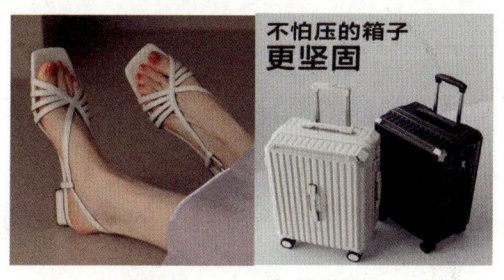

图6-2-1　主体明确

（2）主体陪衬。若拍摄的画面中只有一个商品，会显得有点单薄。再好的商品也需要陪衬，在拍摄时可以通过背景和装饰品等进行搭配，以突出主体商品。需要注意的是，搭配物品，不要抢了主体商品的风头，如图6-2-2所示。

图 6-2-2 主体陪衬

（3）合理布局。拍摄画面中的物品不是随意摆放就能达到美观视觉效果的，需要让主体和搭配物品在画面中合理分布，也就是画面的合理布局。通过利用对称式构图法、九宫格构图法、三角形构图法、中心构图法等进行构图设计，让画面显得更有美感，主体也会更突出，如图 6-2-3 所示。

图 6-2-3 合理布局

（4）场景衬托。将拍摄主体放在合适的场景中，不仅能够突出主体，还可以给画面增加现场感，显得更加真实可信，带入感比较强，能使顾客的购买欲望陡然增加，如图 6-2-4 所示。

图 6-2-4 场景衬托

2. 商品拍摄景别

在拍摄商品视频时，需要展现商品的整体形象、外观及局部细节，所以需要采用不同景别进行拍摄。常用的拍摄景别有全景、中景、近景、特写。

（1）全景。全景拍摄范围广，主要用于展现商品的全貌及周围环境的特点，较为明显地突出主体，要求景深较大。

（2）中景。中景一般用于表现人与物、物与物之间的关系，偏重于动作姿势。

（3）近景。近景主要是对商品的主要外观进行细节刻画，用于多角度展示商品。

（4）特写。特写主要以展现商品局部为主，可以对商品内部结构或局部细节进行突出展示，用于表现商品的材质和设计。

任务实施

制作主图视频

一、通过亲拍发布短视频

亲拍是淘宝官方出品的短视频拍摄剪辑工具，支持用手机拍摄和剪辑视频，可进行时长剪辑，支持 3 : 4 竖版主图视频裁剪，更有预设脚本、视频拍摄模板可免费使用，剪辑完可一键发布至主图等场景。

步骤 1　拍摄视频

（1）下载亲拍 App，单击"电商相机"按钮。

（2）单击"视频拍摄"选项可进入普通视频创作或使用视频上传功能。

（3）进入拍摄界面，在上方选择 3 : 4 比例选项，然后单击按钮进行拍摄。

（4）在拍摄过程中，单击按钮，即可完成第 1 段视频的拍摄，在界面下方会显示橙色的进度条。若在拍摄过程中出现失误，可以单击按钮删除该短视频。在进行分段拍摄时，还可以长按按钮进行拍摄，松开该按钮即可暂停拍摄。

步骤 2　编辑视频

（1）拍摄完成后单击"下一步"按钮进入视频编辑，选择"裁切"按钮裁剪视频，完成视频拼接和过渡。

（2）选择"音乐"选项，去除原声，选择背景音乐。

（3）选择"字幕"选项为视频添加动态字幕。

（4）单击右上角的"确定"按钮，进入主图视频发布界面，设置主图视频封面，编辑标题，选择商品。

步骤 3　发布视频

单击"发布"按钮完成主图视频发布。

二、使用 Premiere 制作主图视频

步骤 1　撰写脚本和收集素材

在运用 Premiere 进行视频编辑之前，首先要认真对影片进行策划，拟定一个比较详细的提纲，确定所要创作影片的主题思想；接下来根据影片表现的需求撰写脚本；脚本准备好了之后就可以收集和整理素材了。收集途径包括截取屏幕画面、扫描图像、用数码相机拍摄图像、用 DV 拍摄视频、从素材盘或网络中收集各种素材，等等。

步骤2　创建新项目，导入收集的素材

启动 Premiere，创建一个项目，然后导入已整理好的各类素材，如图 6-2-5 所示。

图 6-2-5　建新项目 导入素材

步骤3　编辑、组合素材

导入素材后，要根据需要对素材进行修改，如剪切多余的片段、修改播放速度与时间长短等。剪辑完成的各段素材还需要根据脚本的要求，按一定顺序添加到时间轴的视频轨道中，将多个片段组合成表达主题思想的完整影片，如图 6-2-6 所示。

图 6-2-6　编辑、组合素材

步骤 4 使用过渡添加视频效果

使用过渡可以使两段视频素材衔接更加流畅、自然。添加视频效果可以使影片的视觉效果更加丰富多彩，如图 6-2-7 所示。

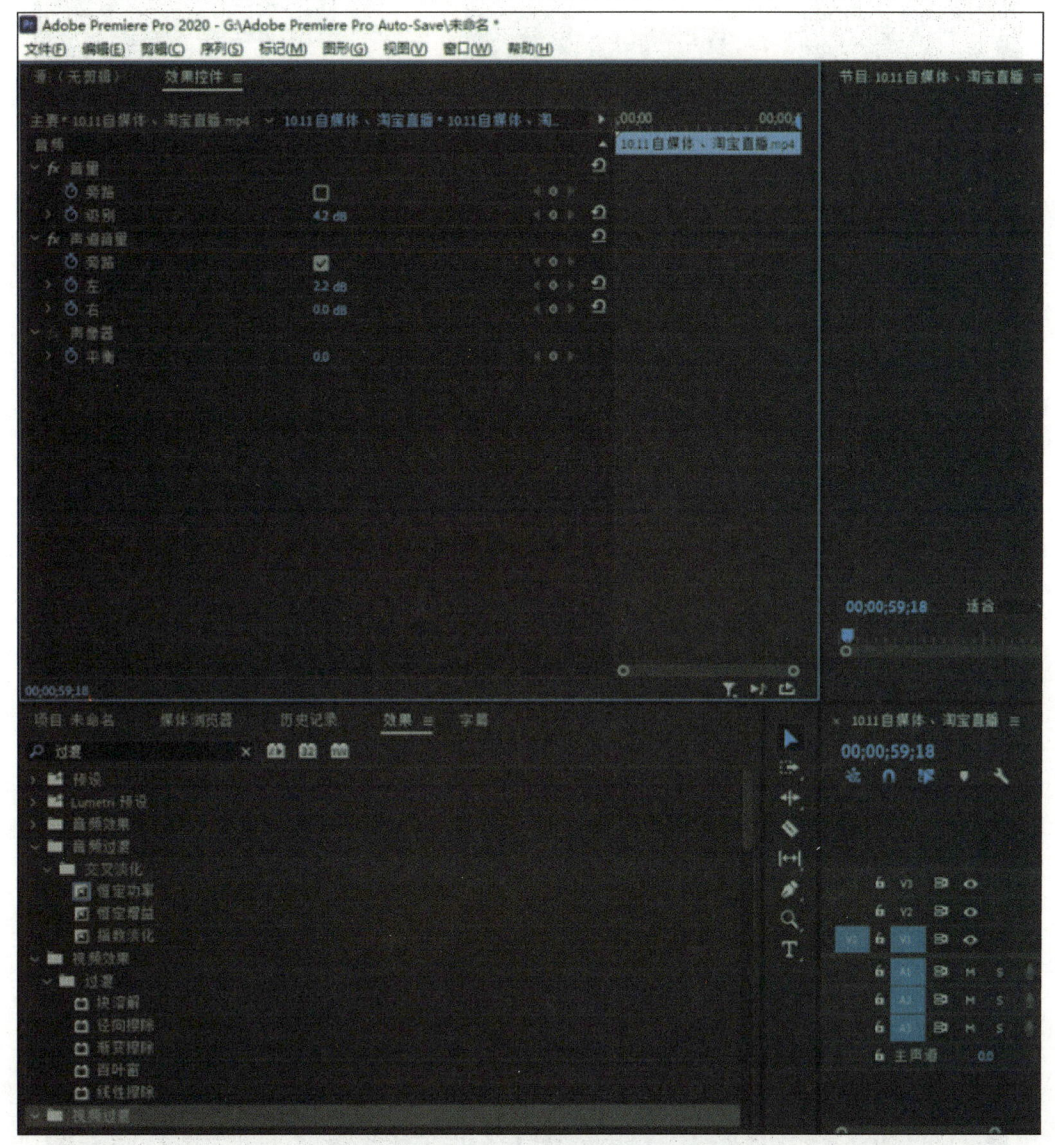

图 6-2-7 使用过渡添加视频效果

步骤 5 字幕制作

字幕是影片中非常重要的部分，包括文字和图形两个方面，使用字幕便于观众准确理解影视内容，Premiere 使用字幕设计器来创建和设计字幕，如图 6-2-8 所示。

步骤 6 添加、处理音频

为作品添加音频效果。处理音频时，要根据画面表现的需要，通过背景音乐、旁白和解说等手段来加强主题的表现力，如图 6-2-9 所示。

步骤 7 导出影片

导出影片，如图 6-2-10 所示。

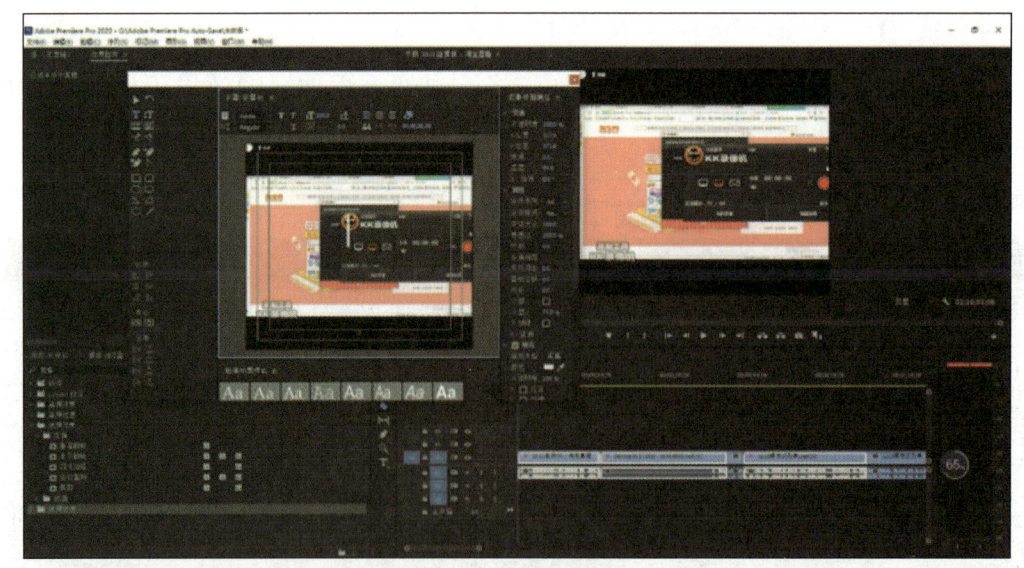

图 6-2-8　字幕制作

图 6-2-9　添加、处理音频

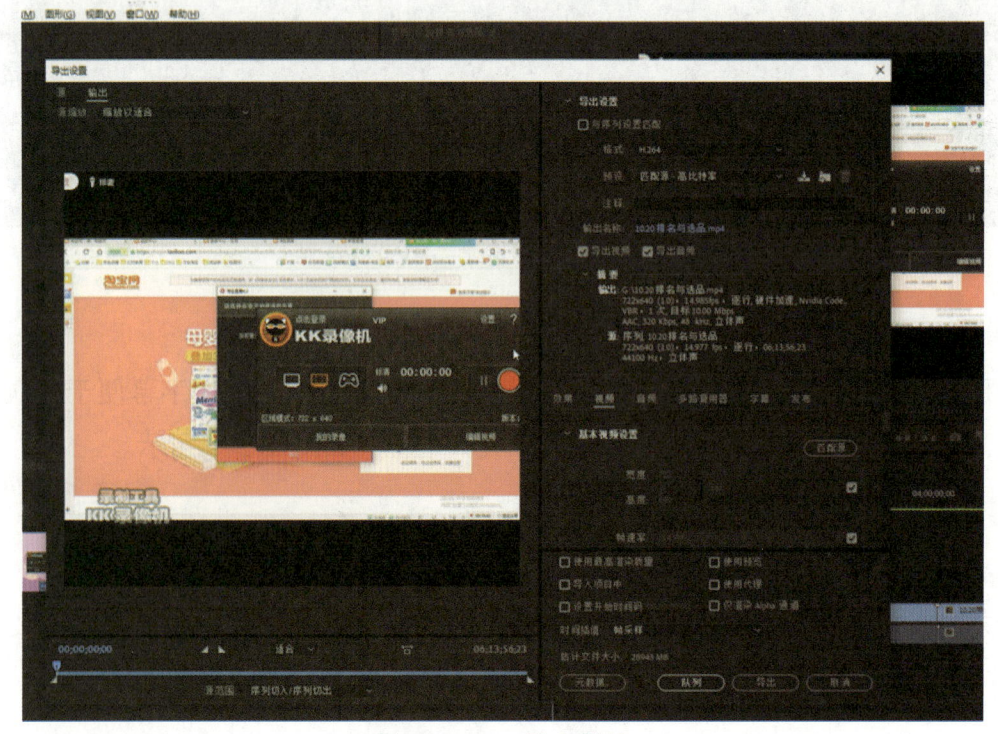

图 6-2-10　导出影片

举一反三

请尝试用淘拍或 PR 为小雅店铺的一款牛仔短裤拍摄一组主图视频，注意拍摄取景。

任务评价

评价项目	自我评价（20%）	小组互评（30%）	教师评价（50%）
设计实施方案（20分）			
实施操作（30分）			
修改优化（20分）			
表达并交流（20分）			
反思，提出新问题（10分）			
综合评价			

任务三 直通车推广图设计

任务导入

小雅的特色农产品店铺已经完成了商品的上架和发布，通过主图短视频实现了更好的展现和引流。接下来是产品推广阶段，小雅决定借助淘宝直通车来提高产品的点击率，提升产品转化率。

任务分析

条条大路通罗马，而直通车是条条大路通流量。直通车不但能够帮助我们筛选比较精准的购物人群去展示商品，更能准确地利用好流量，创造店铺点击率。

要使用直通车来推广，首先要学习直通车的使用和设计原理，了解直通车引流的关键和技巧。

知识链接

直通车推广图的设计

一、直通车设计原则

直通车是"淘宝"为卖家量身定制的按点击付费的营销工具，实现商品的精准推广。直通车的推广原理是根据商品设置的关键词进行排名展示的，按点击进行扣费，所以在同一关键词下展现的商品图就成了点击率的关键所在。买家通过点击图片进入店铺，实现产品一次甚至多次的店铺内跳转流量。由于直通车是点击付费，所以产品一定要放在最显眼的位置，以免误导点击产生不必要的扣费，而直通车图展示效果一般很小，所以构图的方式比较拮据，大部分情况下排版方式都要根据产品图的特性来进行构图，下面给大家介绍几种常规的构图方式。

二、构图方式

1. 左右构图

细长的商品图片，可以考虑采用左右结构排版，如图 6-3-1 所示，文字在左边，商品在右边，或者相反，这类设计比较严谨大方，常规设计中一般不会出现什么错误，但选图要适合，文案层级要清晰。

2. 上下构图

一般情况下，比较宽的商品完全放置画面中后，上下会有空余，所以这类商品我们尽量采用上下结构的排版方式，如图 6-3-2 所示。如果商品偏向稳重、大气、有质感的物品，文字一般排在商品上面；反之，如果商品偏向轻盈的小物品，文字一般排列在商品下面。

图 6-3-1　左右结构　　　　图 6-3-2　上下结构

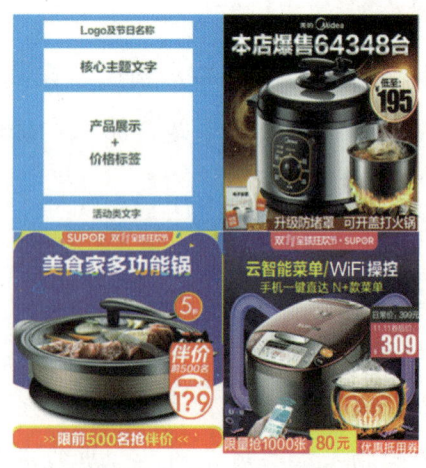

3. 对角线构图

如图 6-3-3 所示，此类构图同样是根据商品图来定的，一般分为两分构图和三分构图。并且这类直通车产品图一般为倾斜的，同时在做一些电器，需要动感的设计时也会用到对角线构图的方式。另外，当产品图特别细长的时候，例如钓鱼竿，我们采用对角线构图的方式可以把产品展示得更直观！

图 6-3-3　对角线结构

4. 压住四角

如图 6-3-4 所示，当商品放置在页面居中位置的时候，设计师可以把文案或者图形分散排放在各个角落，合理控制文字或者图形的大小来使页面整体获得平衡感，当然这里并不是说，都使用文字去压住四角，而是当产品隆出时，应该控制好构图，预留出文案排版的位置。

图 6-3-4　压住四角

任务实施

直通车引流操作

直通车引流的关键是什么？经过进一步了解，不是流量起不来，就是操作的流程有问题，直通车优化的方向不对，导致做了半天，出现没有结果的结果。那么直通车引流的关键要素有哪些呢？

步骤1　设计关键词

（1）标题核心词：是指产品标题里包含的核心词，以及该词的拓展词（如下拉框、你是不是想找、手机推荐等）。标题核心词需要精准。

（2）成交词：生意参谋单品分析可以找到该产品的引流词和成交词，你可以下载下来，找到重复率较高的一些词添加进去。

（3）属性词：这个可以与核心词结合。有些类目有很多二三级词，流量都是非常大的，而且转化也不错，可以添加进去。

（4）系统推荐词：这个是系统根据你的产品、标题、属性等情况推荐的词，一般效果也是不错的，最主要的是可以对相关数据一目了然，你可以挑选行业比较好的词。

步骤 2　关注点击率

任何影响点击率的不仅仅是图片，还有所选关键词及关键词出价排位。什么图片点击率较高，什么关键词更符合宝贝，哪个出价排位效果更佳，这些问题测试优化好了则事半功倍。图片最好做到差异化，突出产品及其卖点。

步骤 3　转化相关

转化相关指的是收藏、加购和转化。众所周知，转化相关跟质量分的稳定关系密切，转化好了才有投放直通车的价值。转化也与所选关键词相关，直通车通过搜索关键词点击进入宝贝。所搜索的关键词是否与消费者所需一致，是转化的关键。其次就是产品本身是否吸引人，包括详情页、产品价格、评价等。

步骤 4　提升点击量

直通车是看账户权重的，稳定的数据更利于账户权重的增加。点击量的级别会影响账户权重的变动。点击量最好要有稳定上涨的趋势，经常变动对账户影响不好。那么直通车点击量靠什么提升？

（1）关键词。我们都知道，在选择关键词的时候，一定要选择相关性高的、精准的关键词，因为关键词背后是有人群的，只有精准的关键词才能带来高点击率和高转化率，那么我们可以直接在计划中，筛选最近 7 天或者 14 天的数据，然后再把点击率从高往低排序，这样得到的数据会比较准确。

（2）车图。我们想要高点击率，那么我们的车图必须要是高点击率的。我们可以根据市场针对性地在创意图上做卖点，提高竞争力，在创意图上添加四张车图轮播测试，每 50 个点击中筛选出数据最好的车图，然后继续测图，直到可以测试出比同行平均点击率更高的车图为止。

（3）人群。正确的精准人群会带来很高的点击率，前期我们可以添加所有人群进去测试，统一溢价，点击量足够之后我们再筛选出数据好的人群，数据好的人群可以加大溢价，数据差的人群可以减少溢价或者删除。我们可以在计划中选择 7 天或者 14 天的数据，然后看人群列表，筛选出点击率高的人群。

其实商家们在使用直通车推广的时候，主要就是看直通车的点击量，点击量越高，证明直通车推广越有效，所以商家们在使用直通车的时候，一定要掌握好技巧，提升点击量！

举一反三

结合直通车的设计原则，选择合理的构图方式，为小雅的店铺牛仔短裤产品设计直通车图片。

任务评价

评价项目	自我评价（20%）	小组互评（30%）	教师评价（50%）
设计实施方案（20分）			
实施操作（30分）			
修改优化（20分）			
表达并交流（20分）			
反思，提出新问题（10分）			
综合评价			

素养视窗 SUYANG SHICHUANG

　　面对新时代新的发展需求，审美教育既是一项重要的教育命题，也是一项重要的社会命题。全国教育大会上指出："要全面加强和改进学校美育，坚持以美育人、以文化人，提高学生审美和人文素养。"这一重要论述，对新时代美育工作提出了明确要求。经过多年的发展，中国的美育虽然取得了一定的成就，却仍旧存在诸多问题，美育仍是整个教育事业中的薄弱环节。《教育部关于切实加强新时代高等学校美育工作的意见》（教体艺〔2019〕2号）指出："高校美育工作与当前教育改革发展的要求还不相适应，与构建德智体美劳全面培养的育人体系还不相适应，与满足广大青年学生对优质丰富美育资源的期盼还不相适应。""提高学生的审美和人文素养，全面加强和改进美育是高等教育当前和今后一个时期的重要任务。"美育教学必须直面中国社会的发展现实，服务于人们的生活需要。面对人民群众日益增长的审美需求，应在传统的以艺术教育为中心的学校美育教学的基础上加以突破。

项目七

商品详情页设计

项目简介

商品详情页是商品详细信息的展示区，消费者看到心仪的商品后想要进一步了解该商品的详细信息时就会点击商品的主图，从而进入该商品的详情页页面，然后根据页面中商品的材质、功能、细节等描述来判断该商品是否符合自己的需要。一个设计风格新颖独特且美观的详情页能够刺激买家的购买欲望，促使其快速下单购买，由此可见商品详情页设计的重要性。本项目将详细介绍商品详情页的设计方法和技巧。

学习目标

知识目标

1. 掌握商品详情页的定义和基本组成。
2. 掌握商品详情页的设计要点。
3. 熟悉商品详情页的设计要求。

能力目标

1. 培养对商品详情页的表现能力和整合能力。
2. 具备熟练制作卖点图、商品信息展示图、细节图的能力。

素质目标

1. 培养学生的审美鉴赏能力。
2. 培养学生守正创新、精益求精的工匠精神。
3. 激发学生服务家乡、实现乡村振兴的社会责任感和使命感。

任务一　了解商品详情页

任务导入

大部分卖家开通了直通车、做了钻展，可是好不容易引来了流量，转化率却总是不高。关键问题出在详情页上，一个好的详情页能够打消客户顾虑，让客户毫不犹豫下单付款。那么，如何制作一个合格的商品详情页呢？

任务分析

商品详情页是整个网店的聚焦点，是决定买家最终是否购买的重要因素。一个充满设计感的商品详情页能够刺激买家的消费欲望，从而促使其快速下单购买，所以商品详情页的视觉设计在很大程度上能影响商品的销售量。在设计详情页前，网店美工需要先了解商品详情页的设计要求和设计要点，方便后期进行商品详情页设计。

知识链接

认识商品详情页

商品详情页的设计要求

一、商品详情页的定义

商品详情页是用于介绍品牌和产品的功能（价值点）以及产品卖点，使详情页中的商品更加吸引消费者，起着体现商品真实性、把消费者代入场景的作用。

二、商品详情页的基本组成

商品详情页是提高转化率的入口，激发顾客的消费欲望，树立顾客对典故的信任感，打消顾客的消费疑虑，促使顾客下单。商品详情页一般包括焦点图、卖点说明图、信息展示、服务与售后部分。

任务实施

制作与设计详情页

网店销售中有这样一种说法：看似是在卖商品，其实是在销售意境。在设计商品详情页时，美观、规范的商品详情页更能够吸引消费者的注意，提高商品成交量和转化率。为了制作的详情页符合要求，网店美工要充分了解设计要求。

步骤1　了解商品详情页的设计要求

（1）统一设计风格。商品详情页的设计风格要与首页、品牌介绍页风格一致，避免造成整个页面割裂，不统一、不协调的情况。因此，商品详情页的各个区域的色彩、字体、排版方式、展示方式等都要尽量统一。

（2）符合设计规范。商品详情页的常规宽度为750像素或790像素，高度不限，但是建议不超过35 000像素，可以根据实际情况而定。图片大小不超过10 MB。图片过大，会造成加载速度慢，从而增加顾客流失的概率，所以不建议一个图片太大。商品详情页支持JPG、PNG、GIF格式的图片。

步骤2　探究商品详情页的设计要点

为了能让我们的商品更亮眼，在众多竞品中脱颖而出，我们就需要深度了解商品，并把这些信息呈现给买家，从而激发消费者的购买欲望，促成商品成交。网店美工在设计商品详情页时需要把握以下几个要点。

（1）展现真实商品。实拍商品是最基本的要求，要让顾客觉得商品的质量是完全真实的、完全值得信赖的。网店美工可以从多角度展示商品，但是一定注意避免过度美化图片而导致图片变形、偏色，或者过度夸大商品的性能，言过其实，产生不必要的售后纠纷，降低网店信誉。

（2）吸引消费者注意力。对于单个商品页面的设计，商品信息的编辑与排版尤为重要。美观的版式效果、有创意的设计可以为商品详情页增色，从而使详情页更加具有吸引力，以激发消费者的潜在需求。

（3）赢得消费者信任。网店美工在设计商品详情页时，可以从商品细节、消费者痛点、商品卖点、品质证明、售后服务等方面赢得消费者信任，提高购买欲望。

小贴士

若商品的使用者和购买者不是同一个人，如婴幼儿用品的购买者是父母，使用者是婴儿，网店美工在进行该商品的详情页设计时，则不能以婴幼儿作为目标消费者，应该从购买者（父母）的角度进行考虑设计。

举一反三

请你选择一家你家乡的一款特产专卖网店，谈一谈这家网店商品详情页有哪些优点？这样的详情页会给卖家在市场竞争中带来哪些好处？并在课堂中与其他同学分享。

| 项目七 商品详情页设计 | 135 |

任务评价

评价项目	自我评价（20%）	小组互评（30%）	教师评价（50%）
网店美工职位认知（30分）			
网店美工能力评估（20分）			
网页信息检索能力（25分）			
岗位需求归纳对比能力（25分）			
综合评价			

任务二　商品焦点图设计

任务导入

为了积极践行乡村振兴，服务家乡。小雅决定在自己店铺里上新助农商品贝贝南瓜，现在需要为此商品上传焦点图，请你帮助小雅完成新品贝贝南瓜的焦点图设计，如图7-2-1所示。

相关信息说明：

产品卖点图尺寸：宽度为750像素、高度为900像素；

产品主体：贝贝南瓜；

色调：黄色，以暖调为主。

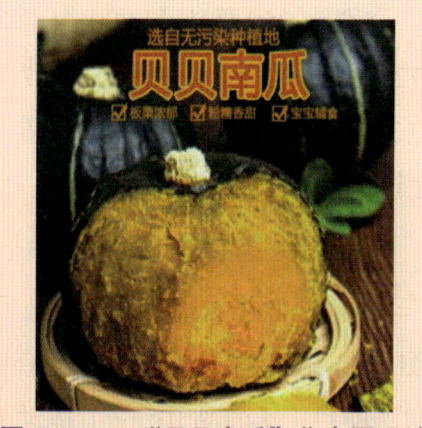

图7-2-1　"贝贝南瓜"焦点图设计

任务分析

想要做出一份具有设计感的焦点图，首先我们要分析商品并准备好素材；其次了解产品的关键词，产品的核心卖点有什么；最后对所需的素材图进行整体效果的终点角度拍摄。

知识链接

认识商品焦点图

一、商品焦点图的定义

焦点图由商品、主题与卖点3部分组成，主要起到吸引客户目光的作用。整个大图以主推产品为核心布局，然后衬托它的核心卖点以及主推点，从而更好地展示商品优势。

二、商品焦点图的作用

焦点图通过突出商品优势以及放大商品特点，来吸引消费者购买该商品；一般有两个作用：一是明确商品主题，突出商品优势；二是承上启下，提升消费者向下浏览的兴趣。

任务实施

设计贝贝南瓜焦点图操作

步骤1　创建文件

打开Photoshop，执行"文件"→"新建"菜单命令，在"新建"对话框中，设置文件名称为"贝贝南瓜焦点图"，"宽度"和"高度"分别为750像素和900像素，"分辨率"为72像素/英寸，"颜色模式"为RGB颜色、8位，"背景内容"为白色，设置完成后单击"确定"按钮，如图7-2-2所示。

步骤2　添加素材

打开"素材文件/项目七/贝贝南瓜焦点图/02.jpg"，将素材文件（配套资源：素材文件/项目七/商品01.jpg）拖动到"贝贝南瓜焦点图"文件中并调整素材的大小和位置，如图7-2-3所示。

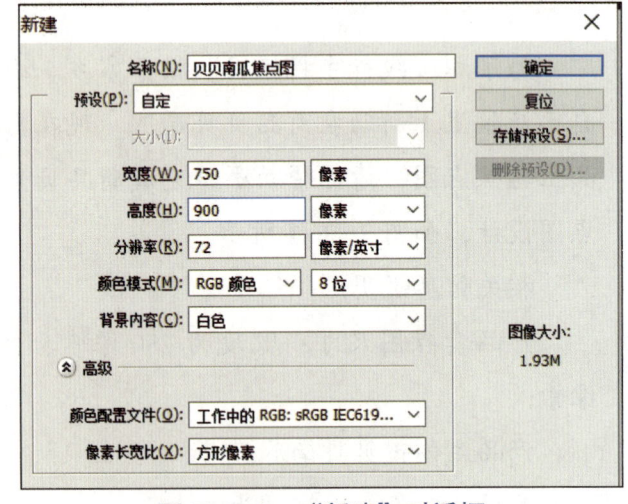

图7-2-2　"新建"对话框

步骤3　绘制矩形

选择矩形工具设置描边，绘制一个正方形，选择自定义形状工具，绘制一个"√"，摆放至合适位置后，选中"矩形"和"√"所在图层，右键单击，选择"合并图层"命令。按"Ctrl"+"J"快捷键复制另外两组。利用移动工具将其摆放到合适位置，如图7-2-4所示。

图 7-2-3 商品

图 7-2-4 工具栏

步骤 4　输入文字

选择横排文字工具，输入所需文字"板栗浓郁""粉糯香甜""宝宝辅食""贝贝南瓜""选自无污染种植地"；在"字符"面板中设置文字属性，其中字体均为微软雅黑、加粗、黄色（颜色代码为"f39800"），如图 7-2-5 所示；"板栗浓郁""粉糯香甜""宝宝辅食"字号为 27 点，"贝贝南瓜""选自无污染种植地"字号分别为 100 点、36 点，如图 7-2-6 所示。

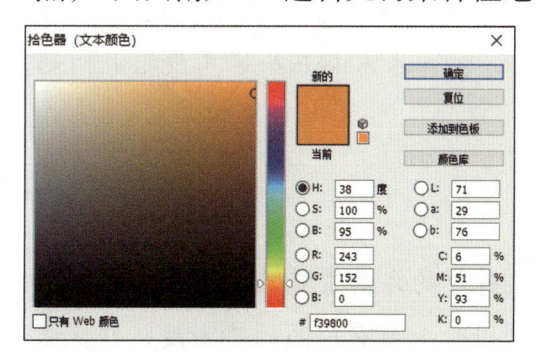

图 7-2-5 拾色器

图 7-2-6 "字符"面板

步骤 5　添加效果

双击字体"贝贝南瓜"目标图层，选择"描边"，设置大小为 5 像素，"位置"为外部、颜色代码为"ffd20d"，然后单击"确定"按钮，如图 7-2-7 所示。

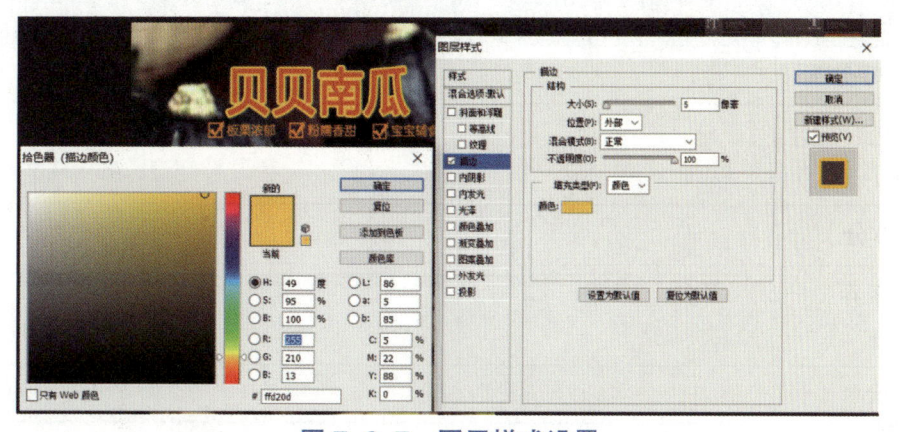

图 7-2-7 图层样式设置

步骤6 保存图像

保存图像和文件（命名为"贝贝南瓜焦点图.jpg""贝贝南瓜焦点图.psd"），最终效果如图7-2-8所示。

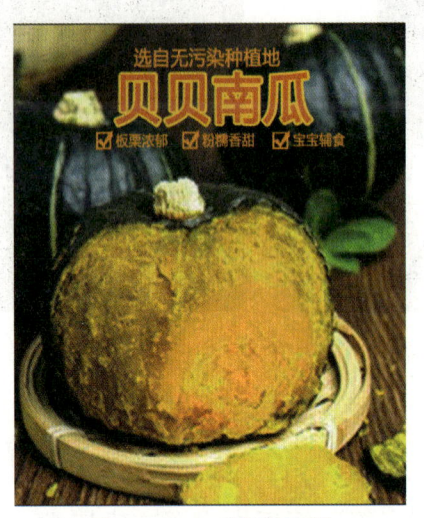

图7-2-8 最终效果

小贴士

制作焦点图有两大难点环节：一是准备阶段分析商品核心特点，提炼、抓取商品优势；二是利用PS软件制作时如何排版构图。大道至简，大家只需站在买家角度思考问题，用主次分明的方式呈现即可。

举一反三

请你为你家乡的一款农副产品，设计一张图文并茂的详情页焦点图。图片必须能较好地反应该商品的特点，对消费者有足够的吸引力，同时必须有较高的清晰度，并在课堂中与其他同学分享你的设计思路。

任务评价

评价项目	自我评价（20%）	小组互评（30%）	教师评价（50%）
版式设计（30分）			
针对客户要求进行设计（30分）			
完成度（20分）			
沟通协作素养（20分）			
综合评价			

任务三　商品卖点图设计

任务导入

现小雅的店铺需要在焦点图的下方设计卖点说明图，为了增强消费者对该产品的吸引力，设计师可以从品质、细节、种植环境、适用人群等方面来设计卖点图，在颜色上继续沿用焦点图的色调，使设计更加统一，如图 7-3-1 所示。

相关信息说明：

产品卖点图尺寸：宽度为 750 像素，高度为 5 000 像素；

产品主体：贝贝南瓜；

色调：黄色 + 白色，以暖调为主。

图 7-3-1　"贝贝南瓜"卖点图设计

任务分析

要设计一张优秀的商品卖点图，同样首先要分析商品并准备好素材。其次要了解产品的关键词，产品的核心卖点有什么。但是不同的是，在拍摄素材的时候，注意拍摄角度要多样，既要有整体空间感，又要有局部细节的展现；场景布局需合理美观，光影的运用也要恰到好处，既不能使图片暗淡，又要避免曝光过度。

知识链接

商品卖点说明

商品卖点是基于消费者的需求，从商品的外观、价值、品质、功能、服务等多方面中提炼出来的。一般具有 3 个特征：一是独特，主要针对同类商品，只有提炼出不同于其他商家的独特卖点，才能吸引消费者的关注。二是有说服力，才能打动消费者，卖点与消费者的核心利益息息相关。三是长期传播的价值以及品牌辨识度。

任务实施

设计贝贝南瓜卖点图操作

步骤1　新建文件

打开Photoshop，执行"文件"→"新建"菜单命令，在"新建"对话框中，设置文件名称为"贝贝南瓜卖点图设计"，"宽度"和"高度"分别为750像素和5 000像素，"分辨率"为72像素/英寸，"颜色模式"为RGB颜色、8位，"背景内容"为白色，设置完成后单击"确定"按钮，如图7-3-2所示。

步骤2　绘制背景

双击"设置前景色"，选择颜色（#d57c11），同时按住"Alt"+"Delete"快捷键填充前景色，如图7-3-3所示。

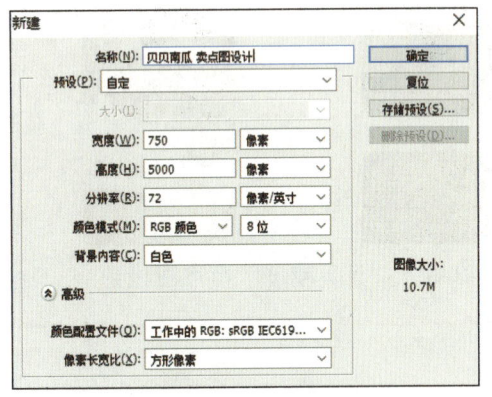

图7-3-2　新建

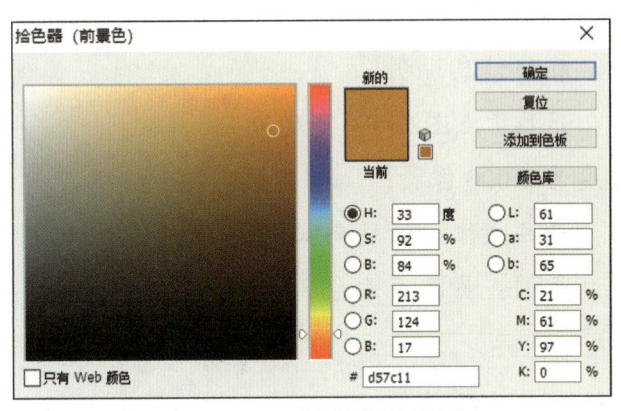

图7-3-3　绘制背景设置

步骤3　绘制矩形工具

选择圆角矩形工具，填充白色、描边颜色代码为"eb6100"，如图7-3-4所示。描边宽度为9点、半径为40像素，绘制一个圆角矩形，如图7-3-5所示。

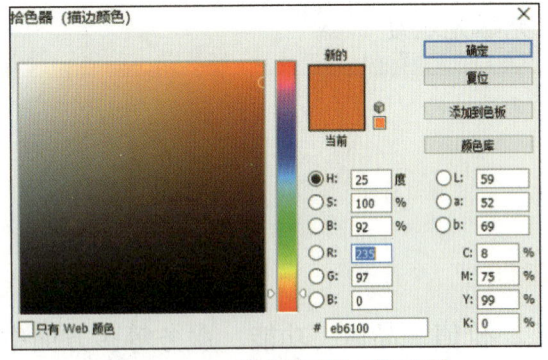

图7-3-4　绘制矩形工具设置

图7-3-5　圆角矩形

步骤4　添加效果

双击圆角矩形所在图层，添加投影效果，投影颜色代码为"b16006"，"不透明度"为75%，"角度"为120°，"距离"为5像素，"大小"为5像素，如图7-3-6所示。

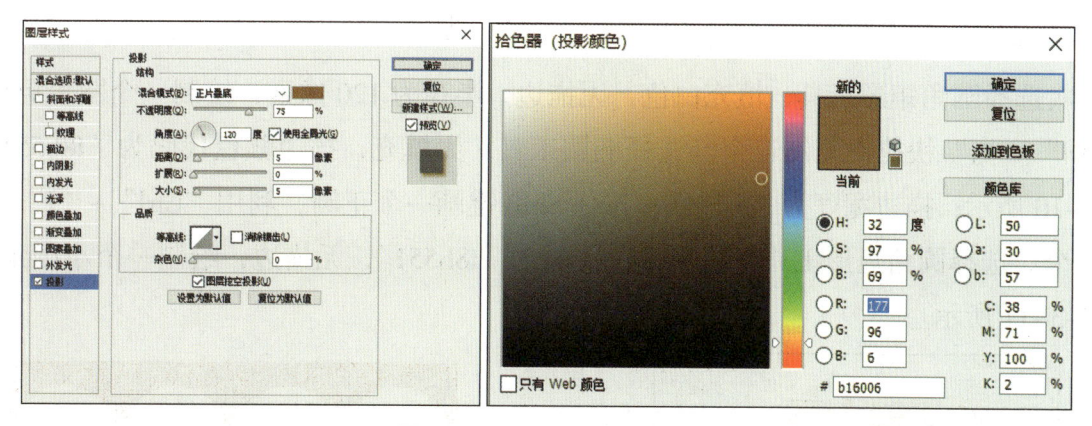

图 7-3-6　添加效果设置

步骤 5　绘制虚线

选择直线工具，无填充，描点宽度为 4 点，选择"------"选项，按住 Shift 键画一条虚线，利用"Ctrl"+"J"快捷键复制另外三条，如图 7-3-7 所示。

步骤 6　添加素材

打开素材文件（配套素材：素材文件/项目七/02），将素材拖动到 PS 中，并调整素材的大小和位置，如图 7-3-8 所示。

图 7-3-7　绘制虚线

图 7-3-8　添加素材

步骤 7　输入文字

选择横排文字工具，输入"南瓜小档案"，设置字体、字体颜色、字体样式分别为"微软雅黑""黑色 #000000""30 点"、浑厚、加粗。同理依次输入其他文字，并调整大小，如图 7-3-9 所示。

图 7-3-9　文字设置

步骤 8　绘制图形

再次选择圆角矩形工具，填充白色，无描边，半径为 120 像素，绘制一个圆角矩形，利用 "Ctrl" + "J" 快捷键复制三个。选择椭圆工具，无填充，描边颜色代码为 "f8b551"，如图 7-3-10 所示；描边宽度为 5.5 像素；按住 Shift 键画一个正圆，利用 "Ctrl" + "J" 快捷键复制三个。选择圆角矩形工具，填充颜色代码为 "f8b551"，无描边，绘制一个小圆角矩形，如图 7-3-11 所示。

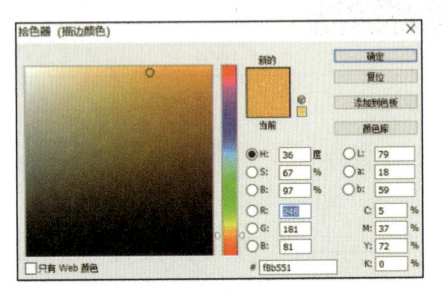

图 7-3-10　绘制矩形设置

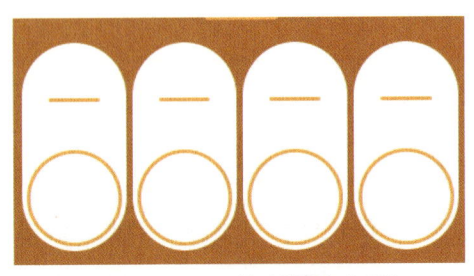

图 7-3-11　绘制圆角矩形

步骤 9　添加素材

打开素材文件，将素材文件拖动到文件中的圆形之上，如图 7-3-12 所示，调整位置和大小；找到素材所在图层，用鼠标右键单击，选择"创建剪贴蒙版"命令，如图 7-3-13 所示。同理，依次添加其他三组图片。

图 7-3-12　添加素材

图 7-3-13　调整大小

步骤 10　输入文字

选择横排文字工具，输入相关文字，设置字体为微软雅黑，字号分别是 30 点、18 点，字体颜色代码为 "eb6100"，浑厚，如图 7-3-14 所示。

图 7-3-14　文字设置

步骤 11　绘制圆角矩形

选择圆角矩形工具，填充白色，无描边，半径为 120 像素，绘制一个圆角矩形，如图 7-3-15 所示。

步骤 12　添加素材

打开素材文件，将所需素材拖动到 PS 中，并依次调整素材的大小和位置，如图 7-3-16 所示。

图 7-3-15　绘制圆角矩形

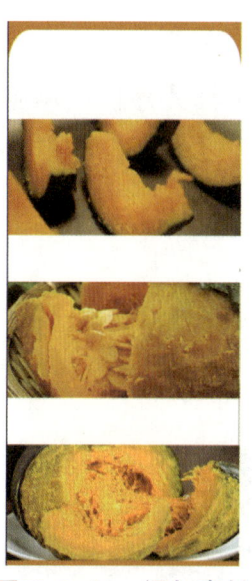

图 7-3-16　添加素材

步骤 13　输入文字

选择横排文字工具，输入相关文字，字体样式分别是：大标题字体为微软雅黑、小标题字体为宋体，字号分别是 36 点、24 点，如图 7-3-17 所示。字体颜色分别是 #f5106/#eb6100/黑色，如图 7-3-18 所示。

图 7-3-17　输入文字设置效果

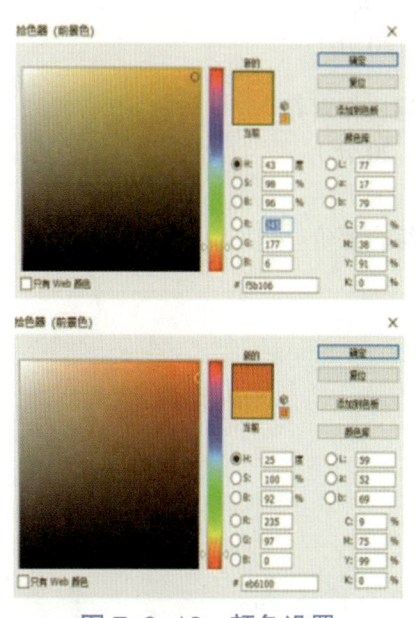

图 7-3-18　颜色设置

步骤14 完成其余模块的操作

其余模块操作是以上步骤的反复利用。主要是圆角椭圆工具、蒙版的运用,最后添加素材及文字,并调整合适大小即可。

小贴士

坚持原创很重要。网店美工可通过两个方面提升作品的原创性。一是提升自我设计能力,多看、多想、多做、多交流,通过不断地学习与练习,提升个人的设计能力,从而厚积薄发,由量变到质变。二是寻找设计灵感,在设计网站(如微博、花瓣网、UI中国等)中寻找灵感,或浏览淘宝中同类商品的效果,从中寻找灵感后,将灵感融入作品。

举一反三

请你继续为你家乡的一款农副产品,设计一张详情页卖点图。注意突出产品的信息、属性、细节、适用人群等详细信息,并在课堂中与其他同学分享你的设计思路。

任务评价

评价项目	自我评价(20%)	小组互评(30%)	教师评价(50%)
版式设计 (30分)			
针对客户要求进行设计 (30分)			
完成度 (20分)			
沟通协作素养 (20分)			
综合评价			

任务四　商品服务与售后设计

任务导入

针对商品品质的优劣，我们除了对其本身的功能、参数、性能、材质、细节、属性等进行展示，作为商家本身，还能提供哪些保障呢？我们可以通过什么方式来展现呢？没错，就是服务与售后，如图7-4-1所示。

相关信息说明：

产品卖点图尺寸：宽度为750像素，高度为1 000像素；

产品主体：贝贝南瓜；

色调：黄色+白色，以暖调为主。

图7-4-1　"贝贝南瓜"售后图设计

任务分析

为了提升消费者的满意度，在商品详情页下方设计售后图是非常必要的，在该图中可添加客服热线和售后问题等内容，让消费者了解店铺的诚意，增加消费者对店铺的信任感，从而达到提高转化率的效果。

知识链接

商品售后说明

在网店中，商品总是伴随着服务，它们两者不可分割，相互依存，因此商家需要对消费者感到疑虑的问题，提供积极的承诺。从而提高消费者的信任度，保证商品的销售。

任务实施

设计贝贝南瓜售后图操作步骤

步骤1　新建文件

在Photoshop中单击"文件"→"新建"菜单命令，弹出"新建"对话框，设置图像大小为750像素×1 000像素,"分辨率"为72像素/英寸,"颜色模式"为RGB颜色、8位,"背景内容"为白色,设置完成后单击"确定"按钮,如图7-4-2所示。

步骤2　绘制背景

填充背景色(黄色"#d87b14"),如图7-4-3所示;选择圆角矩形工具,设置半径为110像素,绘制两个圆角矩形,其中一个只填充黄色(单击"填充"→"黄色");另一个填充白色(单击"填充"→"白色");选择移动工具,移动白色圆角矩形图形,如图7-4-4所示。

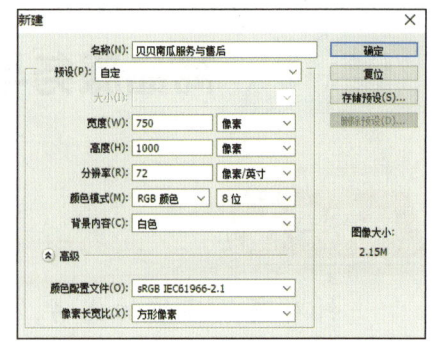

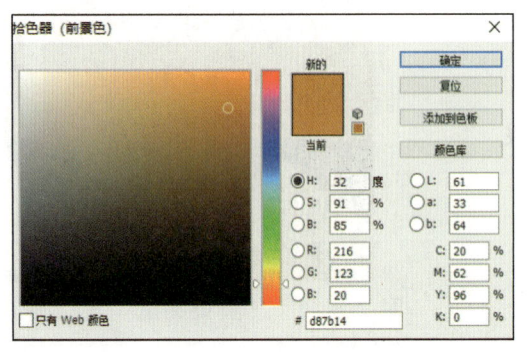

图7-4-2　"新建"对话框

图7-4-3　"拾色器"对话框

图7-4-4　矩形图形

步骤3　输入文字

选择横排文字工具,在图片上方位置单击并输入所需文字,在"字符"面板中,设置文字属性,其中颜色为白色(#ffffff)和红色(#ff0000),如图7-4-5所示。

图7-4-5　添加文字并设置

步骤4　添加文字效果

双击文字图层,分别添加文字效果。描边大小为3像素,位置为外部,如图7-4-6所示,投影混合模式为正片叠底,不透明度为75%,距离为5像素,大小为5像素,如图7-4-7所示。

图7-4-6　描边设置

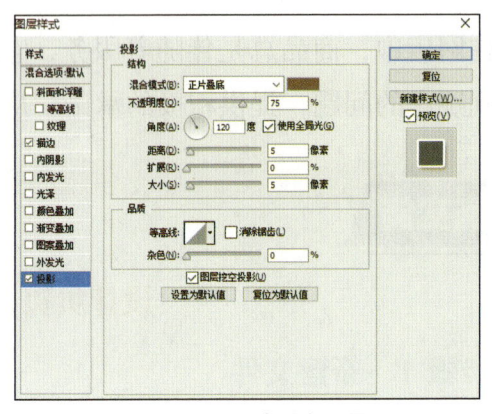

图7-4-7　投影设置

步骤 5　添加素材

打开素材文件，将其拖动到图像窗口中，调整大小和位置至合适。

步骤 6　添加文字

选择横排文字工具，在图像上方输入所需的文字即可，最终效果如图 7-4-8 所示。

图 7-4-8　最终效果图

举一反三

小雅的网店刚接到通知，新款助农产品"沂蒙板栗"要上架，现征集新品"沂蒙板栗"的宝贝详情页。设计师与客户沟通后得到需求信息，请根据表 7-4-1 客户反馈信息，为该网店制作宝贝详情页（店家提供的商品图见资源包）。

表 7-4-1　"沂蒙板栗"产品客户需求信息

项目	客户反馈
消费人群	所有人群
设计风格	简洁、绿色、
关键信息	沂蒙板栗、香糯、新品
详情页版面	商品焦点图、商品信息、商品卖点图、细节展示、服务与售后等
详情页尺寸	宽 750 像素，高度不限（根据实际情况）
宝贝文案	简短、强调卖点

任务评价

评价项目	自我评价（20%）	小组互评（30%）	教师评价（50%）
版式设计（20分）			
针对客户要求进行设计（20分）			
颜色搭配（20分）			
文案提炼（20分）			
详情页的完成度（20分）			
素养目标			
综合评价			

SUYANG SHICHUANG
>>> 素养视窗

　　诚信是一个道德范畴的概念，是公民的第二个"身份证"。诚信是电商的根基，网店美工在商品详情页的设计过程中，应该将视觉设计与诚信理念相结合，如真实展示商品的品质、真实展示商品的功能等，获得消费者的信任，才能换来高点击率和转化率，以达到促进销售的目的。

　　社会信用体系建设持续推进，"一处失信、处处受限"的良好态势正在形成。2022年，中办、国办印发《关于推进社会信用体系建设高质量发展促进形成新发展格局的意见》，强调信用体系对推进高质量发展的支撑作用。在传统意义上的失信行为得到有效遏制，整个社会诚信文化向上向好，社会信用体系建设日益完善。

　　党的二十大报告指出："中国式现代化是物质文明和精神文明相协调的现代化。"一个社会的诚信文化建设，直接反映了精神文明建设的水平。面对当前世界百年未有之大变局，面对以中国式现代化实现中华民族伟大复兴的使命任务，面对构建高水平社会主义市场经济体制的新要求，我们迫切需要进一步夯实社会诚信基石，推进新时代的诚信文化建设。

项目八

设计移动端店铺

项目简介

随着科技的发展、时代的进步、互联网的升级,一次又一次地给我们生活带来了便利,特别是互联网行业的发展、5G网络的普及,不断改变着我们的购物模式,越来越多的人喜欢用手机上网购物,手机购物已经成为一种新的潮流趋势。淘宝App、手机天猫App、京东App、拼多多App等针对移动端的购物端口应运而生。目前,移动端的流量已远远超过了计算机(PC)端。因此,移动端店铺的设计装修对于任何一位电商卖家来说都变得更加重要。本项目将详细介绍移动端店铺的设计方法和技巧。

学习目标

知识目标

1. 掌握移动端店铺的装修要点。
2. 掌握移动端首页设计与制作的方法。
3. 掌握移动端店铺详情页的设计要点。

能力目标

1. 掌握制作移动端店招、焦点图、优惠券、促销区展示图、商品展示设计的方法。
2. 掌握设计与制作移动端店铺详情页的方法。

素质目标

1. 提高移动网络安全意识,树立良好的诚信经营理念。
2. 锻炼团队协作能力,培养学生的设计审美感。

任务一　移动端店铺首页设计与制作

任务导入

为方便买家用手机购物，小雅的淘宝店需要设计装修移动端店铺。请先了解学习移动端店铺的装修基础知识，并帮助小雅设计制作移动店铺首页。

任务分析

要完成移动端店铺首页的制作，首先要了解移动端店铺模块的组成与设计要点。由于移动端店铺页面的面积空间有限，因此要做到目标明确、内容简洁、图片大小适中、页面色调统一，从而制作出具有吸引力、转化率高的移动端店铺首页。

知识链接

移动端首页模块的组成与装修要点

从整体内容上看，移动端店铺首页有七大模块，包括店招、标题、视频、焦点图、优惠券、套餐搭配、商品展示。右图 8-1-1 所示为常见的手机端店铺首页的模块组成。

移动端店铺首页各个模块的装修要点分别介绍如下。

店招：图片大小为 850 像素 × 580 像素，文件大小在 400 KB 以内，一般包含店铺名称、Logo、收藏与分享按钮、营销亮点、店铺活动、背景图片等内容。在设计店招时，可从行业地位、店铺调性、活动主题等角度出发。

标题：主要用于区分商品类别，展示店铺的优势、品牌的理念等，最多支持 12 个中文字符。

视频：商家可以将自己有调性和爆款好物的视频进行装修配置，提高曝光率。若店铺首页有直播模块，则店铺视频模块与店铺直播模块为共用模

图 8-1-1　店铺首页的模块组成

块，在直播中将优先展示直播模块，用户向右划动后可以显示视频模块。直播结束后将复原，提升模块使用效率。视频时长为 10 min 内，文件大小为 300 MB 以内；支持尺寸为 9∶16、16∶9、1∶1、3∶4 的视频，但 9∶16 尺寸效果最佳。

焦点图：图片宽度为 850 像素，高度为 200~950 像素，一般用于店铺活动宣传、店铺商品宣传、店铺形象宣传等。在制作轮播焦点图时，轮播图最多可以添加 4 张。

优惠券：此模块要求重点醒目、清晰、互动性强，具有分隔空间、活跃页面的效果。可以使用多图模块、左文右图等模块进行制作。

套餐搭配：告知消费者店铺搭配套餐，选择店内的 1 个引流款宝贝搭配 1 个新品宝贝进行搭配，这样有助于提高新品的销量和店铺的成交量。

商品展示：除活动信息外，消费者还可能对网店的其他商品信息感兴趣。商品列表一般以一排 2 列或 3 列的方式进行布局，通过高质量的商品图片、商品标题、商品价格等信息展示网店商品。

任务实施

店铺首页设计与制作

一、店铺店招设计

下面将制作具有山东特色的小吃店铺的移动端店招，在制作时，由于左侧需要添加店标和店名，因此左侧不宜放置文案，制作时为了突出中国风，将添加一些图章、图纹元素，其具体操作如如下。

步骤 1 新建店招背景

新建大小为 850 像素 ×250 像素、分辨率为 82 像素、名为"移动端店招"的文件。打开"店招素材"文件，将其中的背景、红灯笼、花纹打开，分别拖动到文件中，调整各素材的位置和大小，效果如图 8-1-2 所示。

步骤 2 更改涂层模式

选择花纹所在图层，在"图层"面板将混合模式更改为"柔光"。

步骤 3 绘制与复制圆

选择椭圆工具，在工具属性栏中设置填充颜色代码为"520404"，按 Shift 键绘制正圆，按"Ctrl"+"J"快捷键复制圆，排列成如图 8-1-3 所示的效果。

图 8-1-2 搭建背景图片　　　　　　图 8-1-3 绘制与复制圆

步骤 4　调整文字格式

选择横排文字工具，在圆上输入"特色名吃"，设置字体样式为"方正剪纸简体"、字号为 64 点，字间距为 420，锐利，白色，调整字体位置。

步骤 5　调整其他文字格式

继续输入其他文本，设置字体样式为"微软雅黑"，字号为 38 点，字间距为 200，字体颜色代码为"f1e3bc"，调整位置。

步骤 6　添加店招文字

添加"店招素材"文件中的图章到"特色名吃"右下角，调整大小。在文字下方绘制圆角矩形，设置圆角的半径为 20 像素，打开图层样式，点选渐变叠加，双击"渐变"打开渐变编辑器，选择预设"橙色_05"，调整渐变角度为 –90°，继续输入其他文本，设置字体样式为"微软雅黑"，字号为 21 点，字间距为 100，字体颜色为白色，调整好位置并保存文件，完成的店招制作效果如图 8-1-4 所示。

图 8-1-4　移动端店招最终效果

二、焦点图设计

在制作移动端店铺焦点图时，由于屏幕尺寸较小，因此在构图方式和文本设计方面都要求简洁，下面将采用上下式结构为食品店铺设计制作焦点图。

步骤 1　添加素材

新建大小为 850 像素 × 950 像素、分辨率为 82 像素/英寸、名为"移动端店铺焦点图"的文件。打开素材文件"焦点图素材.psd"，将其中的背景、糁（指该图片产品）、变形文字等素材依次拖到文件中，调整素材大小与位置，效果如图 8-1-5 所示。

图 8-1-5　添加素材

步骤 2　选择路径

选择钢笔工具，在工具属性栏中单击按钮 路径 ，在打开的下拉列表中选择"形状"选项，并设置填充颜色，颜色代码为"da0b1b"，取消描边，在画面左上角绘制形状。

步骤 3　输入文字

选择横排文字工具，设置文本格式为"Adobe 黑体 Std"，字号为 26 点、浑厚，颜色为白色，在形状中输入"HOT"文本，效果如图 8-1-6 所示。

图 8-1-6　输入文字

步骤 4　设置图层样式

双击形状所在图层，打开"图层样式"对话框，选中"投影"复选框，在"投影"设置面板中设置投影的不透明度、角度、距离、大小等参数。

步骤 5　使用横排文字工具设置文本

选择横排文字工具，设置字体为"Adobe 黑体 Std"，字号为 46 点，字间距为 40，颜色为黑色；在形状下方输入"品味临沂名吃　享受美味人生"，变换字体为"微软雅黑"，字号为 22 点，字间距为 360；输入"全场最低消费满 200 元可享受顺丰包邮"，复制文本并调整字间距为 240，输入"营养/传统/美味/舒适/肉粥/不腻"，输入"了解详情"，变换字体为"Adobe 黑体 Std"，字号为 28 点，字间距为 360，并调整文本的大小与位置。

步骤 6　使用直线工具添加直线

选择直线工具，在工具属性栏中设置填充颜色为黑色，描边，粗细为 1 像素，在第 2 排文本的下方绘制一条直线。

步骤 7　为文字制作底纹

在"了解详情"文本下方，新建一个图层，绘制填充颜色为黑色的矩形作为底纹，将"了解详情"文本的颜色修改为白色，并调整位置，如图 8-1-7 所示。保存文件，完成移动端店铺焦点图设计。

图 8-1-7　绘制矩形修改文本颜色

三、优惠券设计

优惠券是用于吸引买家的一种重要的促销手段，所以通常情况下会被放在店铺首页的开端位置。因为每个人都希望自己所购买的商品物美价廉，所以在商品相同的情况下，参加优惠券折扣活动的商品对于买家而言更具有诱惑力。移动端店铺的优惠券与 PC 端的相比，在排列与大小上更加清晰明了，位置显眼，引流效果极佳，其具体操作步骤如下。

步骤 1　新建文件

新建大小为 850 像素 ×280 像素、分辨率为 82 像素 / 英寸、名为"移动端店铺优惠券"的文件。选择矩形工具，将填充颜色代码设置为"ea1330"，固定大小为 221 像素 ×249 像素，勾选"从中心"复选框，然后在页面左侧绘制矩形。

步骤 2　制作"券"文字效果

新建图层，选择椭圆工具，取消填充，将描边粗细设置为 3 点，将描边颜色设置为白色，按 Shift 键在矩形右侧绘制圆；在圆中输入"券"文本，将字体设置为"黑体"，将字号设置为 136 点，将文本颜色设置为白色，如图 8-1-8 所示。

图 8-1-8　绘制圆并输入文本

步骤 3　创建剪切蒙版

选择形状圆和券文本图层，按"Ctrl"+"E"快捷键合并图层；在合并后的图层上右键单击，在弹出的快捷菜单中选择"创建剪切蒙版"命令，将其裁剪到红色矩形中，设置图层不透明度为 25%，创建剪切蒙版。

步骤 4　制作文字效果

选择横排文字工具，将字体设置为"方正粗黑宋简体"，设置字号为 110 点，白色，输入数字"10"；新建一个图层，变换字体为"微软雅黑"，设置字号为 15 点，输入"RMB"，换行输入"实付满 119 元使用"，调整字间距；新建图层，修改字号为 20 点，继续输入"点击领取"。

步骤 5　设置投影效果

选择直线工具，在"RMB"文本图层下方绘制一条直线，描边设置为 1 像素，选择圆角矩形工具，将圆角矩形半径设置为 10 像素，将填充颜色代码设置为"e9b208"，在"点击领取"文本上方绘制圆角矩形，并更改文本颜色为黑色，为圆角矩形添加投影，绘制圆角矩形并添加投影的效果。

步骤 6　合并成组并复制组

全选优惠券内容，按"Ctrl"+"G"快捷键将优惠券内容放置到新建的组中，按"Ctrl"+"J"快捷键复制组，将其放到右侧，修改金额，完成其他优惠券的制作，如图 8-1-9 所示。

图 8-1-9　制作优惠券

四、促销区展示图设计

促销区展示图是消费者购物时的重点关注对象，要在移动端首页展示出目前网店中最具竞争力的商品，并搭配活动信息给消费者一种物超所值的感觉。本例将进行移动端店铺促销区展示图设计，其具体操作步骤如下。

步骤 1　新建文件图片

新建大小为 850 像素 ×1000 像素、分辨率为 82 像素 / 英寸、名为"促销区展示图"的文件。打开促销区展示图素材"彩条"，调整大小到合适位置，选择横排文字工具，设置字体为"Adobe 黑体 Std"，字号为 52 点，颜色代码为"fff1d2"，输入"店铺爆款推荐"，创建文字变形样式为扇形，弯曲值为 –13%，单击"确定"按钮，调整文字位置，效果如图 8-1-10 所示。

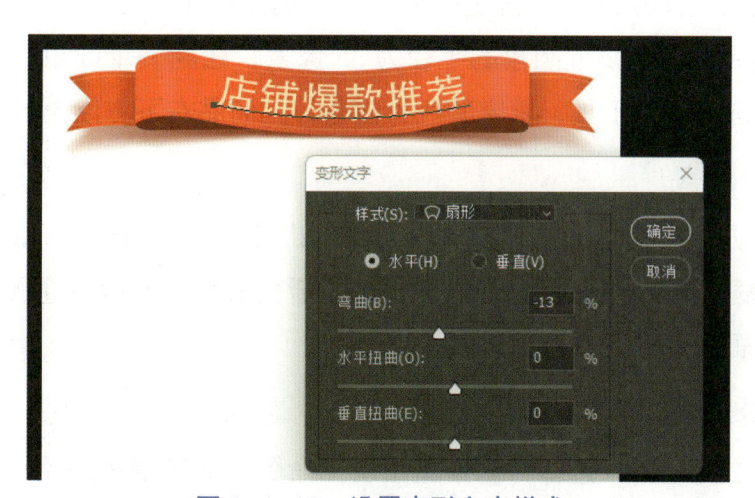

图 8-1-10　设置变形文字样式

步骤 2　设置渐变效果 1

选择圆角矩形工具，绘制长方圆角矩形，选择"编辑"菜单下"变换路径"中的"透视"命令，拖动左上角透视点向右移动 45°，提交变换，将实时形状转换为常规路径。左键双击形状图层，弹出"图层样式"对话框，双击"渐变叠加"选项，添加渐变效果。

步骤 3　设置渐变效果 2

选择圆角矩形工具，设置圆角的半径为 20 像素，绘制圆角矩形，左键双击形状图层，弹出"图层样式"对话框,双击"渐变叠加"选项,添加渐变效果。

步骤 4　设置标题效果

选择圆角矩形工具,设置填充颜色为白色,在渐变圆角矩形上再绘制一个圆角矩形,选择三个形状图层内容,按"Ctrl"+"G"快捷键将内容放置到新建的组中,按"Ctrl"+"J"快捷键复制组,将其放到左下方,按"Ctrl"+"T"快捷键进行自由变换,变换时左手按"Shift"+"Alt"键,右手拖动滑块进行自由缩放,调整好位置比例后,按"Ctrl"+"J"快捷键再复制组,放置到右下角,调整大小位置,效果如图 8-1-11 所示。

图 8-1-11　绘制背图效果

步骤 5　制作营销文本

打开促销区展示图素材"坚果组合",调整大小到合适位置,选择横排文字工具,设置字体为"Adobe 黑体 Std",字号为 25 点,颜色为红色,输入"镇店之宝",调整文字位置后,再设置字号为 42 点,继续输入"口水娃炒货组合",设置字号为 20 点,颜色为黑色,输入"买一箱送一箱"。

步骤 6　制作圆角矩形

选择"镇店之宝"文本图层,新建一个图层,选择圆角矩形工具,设置填充颜色为红色,浅黄色描边为 5 像素,设置圆角的半径为 35 像素,绘制一个圆角矩形,修改文字颜色为白色。再次选择圆角矩形工具,填充颜色为白色,在商品右下方绘制圆角矩形。

步骤 7　复制图层

选择商品右下方圆角矩形图层,按"Ctrl"+"J"快捷键复制一个图层,双击图层弹出"图层样式"对话框,双击"渐变叠加"选项添加渐变效果,修改颜色预设为"橙色_04",点按可添加颜色编辑器,进行颜色编辑。

步骤 8　栅格化图层

选择该图层,右键单击,选择"栅格化图层"命令,选择钢笔路径,用钢笔工具绘制路径,变换为选区,删除左侧区域,效果如图 8-1-12 所示。

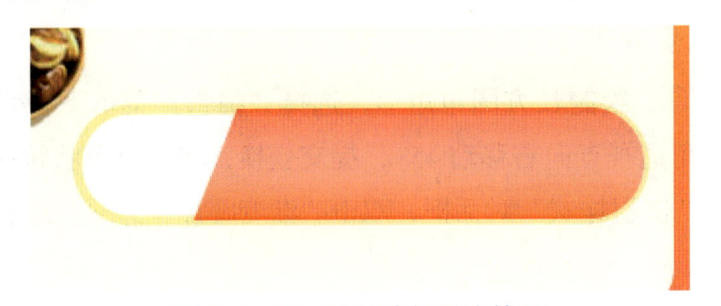

图 8-1-12　绘制路径删除效果

步骤 9 制作营销文字内容

选择横排文字工具，设置字体为"Adobe 黑体 Std"，字号为 18 点，颜色代码为"fad026"，输入"吃货价："，设置颜色为红色，输入"¥"，设置字体为"方正小标宋简体"，颜色为白色，输入"85.9 起"，选择数字，调整字号为 52 点。选择圆角矩形工具，关闭描边，设置圆角的半径为 10 像素，绘制圆角矩形，左键双击形状图层，弹出"图层样式"对话框，添加渐变叠加橙色预设"橙色_01"，选择横排文字工具，在矩形内输入"立即抢购"，选择所有商品文字图层，按"Ctrl"+"G"快捷键将内容放置到新建的组中，重命名为"内容"组，效果如图 8-1-13 所示。

图 8-1-13 图文组合和图层面板

步骤 10 设置文字内容及图层样式

打开促销区展示图素材"商品 1"和"商品 2"，调整素材大小到合适位置，选择横排文字工具，设置字体为"Adobe 黑体 Std"，字号为 32 点，颜色为红色，输入"香甜可口 好味道"，字号为 20 点，颜色代码为"626262"，输入"好物等你来抢购"，选择圆角矩形工具，关闭描边，设置圆角的半径为 25 像素，绘制圆角矩形，左键双击形状图层弹出"图层样式"对话框，添加颜色叠加效果。点按渐变编辑器修改渐变预设为"橙色_10"。设置字体为"Adobe 黑体 Std"，字号为 12 点，颜色为白色，输入"双券 活动价："，设置字号为 30 点，输入"29.9"，设置字号为 12 点，输入"立即抢购"，调整文字位置。

步骤 11 合并组并调整内容

选择圆角矩形和文字图层，按"Ctrl"+"G"快捷键将内容放置到新建的组中，按"Ctrl"+"J"快捷键复制组，将其放到右侧，调整文案和商品价格即可完成促销区展示图设计，效果如图 8-1-14 所示。

五、商品展示设计

移动端店铺的商品展示设计与 PC 端的有很大的不同，手机的屏幕更小，并且需要让消费者更清晰地浏览商品信息。因此在设计此图时一般采用一行展示图和两行展示图的方式，其效果如图 8-1-15 所示。

图 8-1-14 促销区展示图设计效果

步骤 1　调整素材像素

新建大小为 850 像素 ×1 898 像素、分辨率为 82 像素/英寸、名为"移动端店铺商品展示"的文件。打开素材文件"背景.png",将素材拖动到文件中,调整素材大小与位置,并设置不透明度为 50%,打开素材文件"标题素材.png"并将其拖到文件上方,调整图片大小,如图 8-1-16 所示。

图 8-1-15　移动端店铺商品展示设计效果

图 8-1-16　添加素材并调整位置

步骤 2　设置营销文字

选择横排文字工具,设置文本格式为"Adobe 黑体 Std"、白色,字号为 50 点,在素材中输入"新品推荐",设置字号为 41 点,切换为英文输入法并输入相应英文,设置字号为 20 点,切换为中文输入法输入文本。

步骤 3　制作圆角矩形

选择圆角矩形工具,设置填充颜色,代码为"f6cc13",设置圆角的半径为 25 像素,在第三排文本下方绘制圆角矩形,并将第三排文本的颜色修改为黑色。

步骤 4　合并图层为组

选择步骤 2 和步骤 3 所制作的所有图层,按"Ctrl"+"G"快捷键将其内容放置到新建的组中,并将组名称修改为"标题 1"。

步骤 5　制作圆角矩形

选择圆角矩形工具,在标题下方绘制半径为 20 像素,填充颜色代码为"dd5858"的圆角矩形,调整圆角矩形的位置与大小,如图 8-1-17 所示。

步骤 6　设置图层样式

将圆角矩形的填充颜色修改为白色,在"图层"面板中双击圆角矩形所在图层,打开"图层样式"对话框,单击"投影"图层样式,在"投影"设置面板中设置投影角度、扩展、大小等参数。

图 8-1-17　绘制圆角矩形形状

步骤 7　打开素材并调整位置

打开商品素材文件"坚果礼盒.png",添加到圆角矩形左侧,调整素材大小和位置。

步骤 8　输入文本内容

选择横排文字工具,设置文本格式为"微软雅黑",字体大小为 40 点,颜色代码为"dd5858";在矩形中输入文本,设置文本格式为"方正小标宋简体",输入"89.9",颜色为红色,修改"到手参考价:"颜色,颜色代码为"8b8585"。

步骤 9　制作圆角矩形

使用圆角矩形工具在"营养美味让您一次吃尽兴!"文本下方绘制填充颜色代码为"f6cc13"的圆角矩形,并将该文本的颜色修改为黑色。

步骤 10　输入文本内容

选择圆角矩形工具,设置圆角的半径为 10 像素,在"89.9"文本右侧绘制填充颜色代码为"dd5858"的圆角矩形;选择横排文字工具,设置文本格式为"Adobe 黑体 Std"、白色,在圆角矩形中输入"立即购买 >>"文本。

步骤 11　合并图层到组

选择步骤 5~ 步骤 10 所制作的所有图层,按"Ctrl"+"G"快捷键将其内容放置到新建的组中,按"Ctrl"+"J"快捷键复制这些图层,并将其移动到坚果大礼包素材所在图层的下方,删除复制的大礼包素材图层,选取"开心果.jpg"文件中的素材,拖曳到复制的白色圆角矩形左侧,并修改复制图层中的文本信息。

步骤 12　复制图层

选择"标题 1"图层组,按"Ctrl"+"J"快捷键复制组,将"标题 1 副本"图层组移动到开心果素材所在图层下方,修改文本内容,如图 8-1-18 所示。

图 8-1-18　复制图层组并修改文本

步骤 13　制作圆角矩形

选择圆角矩形工具,在标题下方绘制两个圆角半径为 20 像素的圆角矩形,填充颜色代码分别为"ebf8d2"和"f8e0e9"的圆角矩形,调整圆角矩形的位置与大小。

步骤 14　复制粘贴图层样式

选择步骤 5 绘制的圆角矩形所在图层,右键单击,选择快捷菜单中的"拷贝图层样式"命令;选择新绘制的两个圆角矩形图层,右键单击,选择快捷菜单中的"粘贴图层样式"命令，复制投影效果，如图 8-1-19 所示。

步骤 15　制作圆角矩形

选择圆角矩形工具，在步骤 13 绘制的两个圆角矩形内绘制填充颜色为白色的圆角矩形，调整其大小与位置，效果如图 8-1-20 所示。

图 8-1-19　添加投影

图 8-1-20　绘制圆角矩形

步骤 16　打开素材及调整剪切蒙版

打开素材文件"核桃 .jpg"和"巴旦木 .png"，将其中的商品展示素材分别拖到白色圆角矩形上方，调整大小与位置，选择左侧的素材所在图层，单击鼠标右键，在弹出的快捷菜单中选择"创建剪贴蒙版"命令，将该素材置入左侧圆角矩形中，使用相同的方法将右侧素材置入右侧圆角矩形中，调整素材大小与位置，效果如图 8-1-21 所示。

图 8-1-21　添加素材

步骤 17　输入文字内容

选择横排文字工具，设置文本格式为"微软雅黑"，设置颜色，颜色代码为"dd5858"，在左侧矩形中输入文本，打开素材"货币符号"调整素材大小与位置，输入商品价格。

步骤 18　绘制圆角矩形

选择"圆角矩形"工具，在价格文本右侧绘制圆角半径为 20 像素、填充颜色代码为"dd5858"的圆角矩形，选择椭圆工具，按 Shift 键在圆角矩形内绘制白色圆形，调整大小与位置，选择"横排文字"工具，设置文本格式为"Adobe 黑体 Std"、白色，在圆形和圆角矩形中分别输入文本，效果如图 8-1-22 所示。

图 8-1-22 绘制图形并输入文本

步骤 19 将图层合并到组并复制组

选择步骤 17~ 步骤 18 所制作的所有图层，将其内容放置到新建的组中，按 "Ctrl" + "J" 快捷键复制这些图层，并将其移动到右侧圆角矩形中，修改复制图层中的文本信息。

步骤 20 打开素材并调整大小

打开素材文件 "素材 .psd"，将其中的纸皮核桃和巴旦木素材分别拖到两个价格文本上方，调整其大小，效果如图 8-1-23 所示。保存文件，完成移动端店铺商品展示的制作。

图 8-1-23 添加素材

举一反三

请你为家乡的一款农副产品，设计移动端店铺首页。整体内容简洁、色彩统一、模块组成完整，并在课堂中与其他同学分享你的设计思路。

任务评价

评价项目	自我评价（20%）	小组互评（30%）	教师评价（50%）
版式设计（30 分）			
针对客户要求进行设计（30 分）			
完成度（20 分）			
沟通协作素养（20 分）			
综合评价			

任务二　移动端店铺详情页设计

任务导入

小雅的移动端店铺需要上新一款连衣裙的移动端详情页,请依据移动端店铺详情页的特征,帮助小雅设计制作一款移动端店铺详情页。

任务分析

无论是移动端店铺还是PC端店铺,商品详情页都是促进消费者下单的利器,请根据移动端店铺详情页的特征和设计要点,为小雅的商品制作移动端店铺详情页。

知识链接

初识移动端店铺详情页

一、移动端店铺详情页特征

商品详情页在一定程度上决定了店铺流量的转化率,越来越多的人选择在移动端购物,与PC端店铺详情页相比,移动端店铺详情页具有以下5个特征。

尺寸更小: 移动端店铺详情页的尺寸往往比较小,宽度一般为850像素,一屏高度不超过960像素。

卖点更精练: 移动端店铺详情页可以参照PC端店铺详情页,但是移动端店铺详情页更加注重在最短的时间内把消费者的购买欲望放大到最大,因此移动端店铺详情页的卖点应该更加精练。

场景更丰富: 由于移动端消费者可以在多种场景内进行购物,如车上、客厅、步行中等。因此在移动端店铺详情页添加多种场景可以更加贴切生活,增加消费者对商品的了解。

页面切换不便: 如果在PC端,可以很方便地通过页面的文字或按钮切换页面,而移动端就不是很方便,因此移动端的图片以及图片上的引导文字一定要清晰并且具有吸引力,能够快速打动消费者购买商品。

页面文件的容量更小: 在PC端浏览Web页面平均需要9 MB流量,若直接将PC端店铺详情页转化为移动端店铺详情页,将导致页面加载缓慢,不流畅,耗费消费者更多的流量,因此移动端店铺详情页的页面文件要更小。

二、移动端店铺详情页设计要点

基于移动端店铺详情页的特征，在设计移动端店铺详情页时需要注意以下 3 点。

图片设计要点： 图片的体积不能太大，否则容易加载缓慢，影响消费者购物体验。细节图不能太小，尽量保证清晰度，让消费者能够看见细节，产生购买欲。

文字设计要点： 图片文字、商品信息和商品描述文字都不能太小，否则容易造成商品描述信息不清楚。

商品重点的设计： 商品重点需要突出，这就要求合理控制页面展示的信息量，提高消费者的购物体验。

任务实施

移动端店铺详情页设计

下面使用"淘宝神笔"制作移动端连衣裙详情页，制作时将使用到编辑模块的一些操作，如替换模块的图片，更改文本、添加模块、删除模块等，模板的应用效果如图 8-2-1 所示。

图 8-2-1　连衣裙详情页效果

淘宝神笔是一款制作宝贝详情的工具，可以用免费的宝贝描述模板替换图片，制作自己想要的宝贝详情。在较低的成本下，使店铺极大地提高转化率，获取更高的关注。美工人员可选择适合自己需要的商品模板，替换掉商品的图片以及修改文字信息就可以直接生成该商品的专属模板，其操作方便、简单，可以提高网店美工人员的工作效率。下面通过"淘宝神笔"生成连衣裙的详情页模板，其具体操作如下。

步骤 1　打开千牛工作台

打开千牛工作台，在"搜索"工具栏里输入"神笔"，单击"我的应用神笔工具"按钮进入工具页面。

步骤 2　打开淘宝神笔

打开"淘宝神笔"页面，在该页面中选择需要的模板选项，可以选用免费的也可以购买模板使用，选择一个合适的模板，单击"立即使用"按钮，如图 8-2-2 所示。

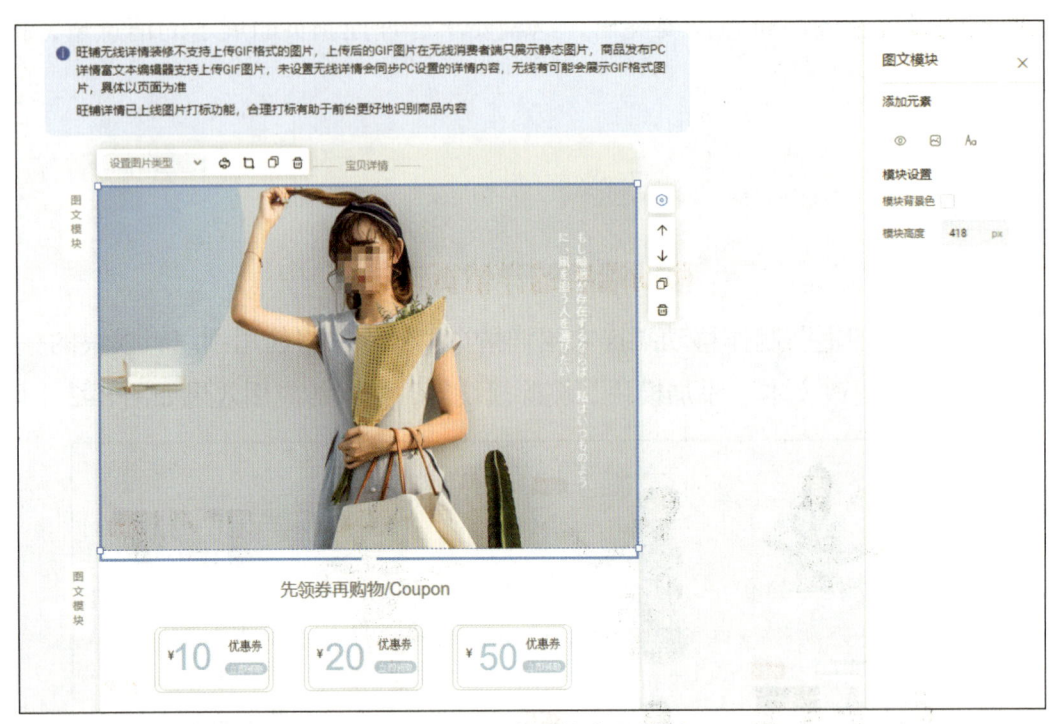

图 8-2-2　查看焦点图模块

步骤 3　模板管理工具

进入模板管理，选择一个合适的商品模板，在该模板上方单击"套用模板"按钮。

步骤 4　查看模板效果

查看应用模板后的效果，页面右侧列出了模板中需要使用的模块，单击选择相应的模块，查看模块的尺寸信息，如图 8-2-2 所示。

步骤 5　新建文件

打开 Photoshop CC，新建与模块对应尺寸的文件，此处为 620 像素 × 418 像素，制作符合模板要求的焦点图，制作完成后保存为 JPG 文件格式。

步骤 6　编辑焦点图模块

返回模板编辑页面，选择焦点图模块，左上角将出现工具栏，单击"替换图片"按钮，打开"选择图片"对话框，单击"上传图片"按钮，在打开的对话框中单击"打开"按钮，在其中选择制作完成的焦点图，继续单击"打开"按钮。

步骤7 提交焦点图模块

返回"选择图片"对话框,在该页面中选择上传完成的焦点图,完成后在页面右下角单击"确认"按钮。

步骤8 设置优惠券内容

返回模板编辑页面,可看到该焦点图已经被更换,选择"优惠券"模块中的内容,单击模块上的数字信息可以进行修改,修改"50"为"60"。

步骤9 添加"商品热卖推荐"模块

将"搭配推荐"修改为"商品热卖推荐",并删除该文本上方的英文图片,输入英文"Selling recommendations",修改"商品热卖推荐"文本的大小与位置。单击上栏商品"替换图片"按钮,打开"选择图片"对话框,单击上传"01-03"图片,返回"选择图片"对话框,在该页面中选择上传完成的商品图,完成后在页面右下角单击"确认"按钮,完成替换后的效果如图8-2-3所示。

图 8-2-3 修改文本并替换图片

步骤10 选择"店主碎碎念"模块

选择"店主碎碎念"模块中的内容,单击模块右上角的"删除"图标按钮进行删除。

步骤11 添加"商品信息"模块

选择"商品信息"模块,删除不要的内容后,拉长"商品信息"模块,完成后在右侧"图文模块"页面中单击"添加图片"按钮,在该模块添加内容。

步骤12 制作信息图片

打开"选择图片"对话框,选择制作的宽度为620像素的商品信息图片,将其插入模块中,拖动图片到合适位置。

步骤 13　编辑模块效果

使用相同的方法制作其他模块中的内容，完成移动端连衣裙详情页的制作。使用模板编辑商品参数与修改模块的效果，如图 8-2-4 所示。

图 8-2-4　修改其他内容

举一反三

请选择一件新款服装，根据移动端店铺详情页的特征及设计要点，制作完成一款移动端店铺详情页，要突出卖点、内容简洁、注意图片尺寸及字号。

任务评价

评价项目	自我评价（20%）	小组互评（30%）	教师评价（50%）
版式设计（20 分）			
针对客户要求进行设计（20 分）			
颜色搭配（20 分）			
文案提炼（15 分）			
页尾图的完成度（15 分）			
沟通协调素养（10 分）			
综合评价			

>>> 素养视窗

移动端店铺装修是电商领域中一个重要的环节，它不仅关系到品牌形象的塑造，还直接影响到用户的购物体验和转化率。结合行业发展趋势、政策导向以及国家的重要会议精神，结合党的二十大报告精神，我们从以下几个方面来探讨移动端店铺装修。

（1）创新驱动发展：党的二十大报告强调了创新的重要性。在移动端店铺装修中，可以运用最新的技术，如增强现实（AR）、虚拟现实（VR）等，为用户提供沉浸式购物体验，推动消费模式的创新。

（2）绿色发展理念：党的二十大报告中提到推动绿色发展。移动端店铺在装修时可以采用环保材料和设计，宣传绿色消费理念，引导消费者形成绿色生活方式。

（3）文化自信：党的二十大报告提出要推进文化自信自强。移动端店铺装修可以融入中国传统文化元素，展示中国特色，增强文化影响力。

（4）全面依法治国：党的二十大报告中强调了全面依法治国的重要性。在移动端店铺装修和运营过程中，要确保所有活动符合法律法规，保护消费者权益。

（5）国家安全：党的二十大报告中提到推进国家安全体系和能力现代化。在移动端店铺装修时，需要考虑到数据安全和个人信息保护，防止数据泄露。

（6）数字经济：随着数字经济的发展，移动端店铺装修也需要与时俱进，利用大数据、人工智能等技术优化用户体验，提高运营效率。

（7）响应国家政策：党的二十大报告中提出的政策方向，如乡村振兴、区域协调发展等，移动端店铺装修可以结合这些政策，通过特色产品展示、故事营销等方式，响应国家号召，服务社会大局。

（8）国际视野：党的二十大报告中提到构建人类命运共同体。移动端店铺在装修时可以考虑国际化元素，吸引全球消费者，推动中国品牌走向世界。

通过上述几个方面的融合，移动端店铺装修不仅能够提升自身的竞争力，还能够与国家的发展战略同步，实现可持续发展。

项目九

网店设计推广

项目简介

网店设计推广是指通过设计和宣传手段，提升网店的形象和知名度，吸引更多的潜在客户，增加销售和业绩。在网店设计方面，包括网站的整体布局、色彩搭配、页面设计等，旨在为用户提供友好的购物体验和良好的视觉效果。而网店推广则通过各种渠道和方式，如搜索引擎优化、社交媒体营销、广告投放等，将网店的信息传播给更多的目标客户群体，提高网店的曝光度和访问量。网店设计推广是为了让网店更具吸引力和竞争力，从而实现更好的销售和业绩增长，本项目将详细介绍网店设计推广的方法和技巧。

学习目标

知识目标

1. 了解优惠券的类型。
2. 熟悉优惠券设计的制作要点。
3. 熟悉店铺促销活动开展流程。
4. 熟悉搭配套餐设置注意事项。

能力目标

1. 掌握优惠券制作技巧，能够独立设计制作优惠券。
2. 能够进行店铺促销活动策划。
3. 能够根据商品特征进行适合的搭配套餐活动。

素质目标

1. 提高网络安全意识，树立良好的诚信经营理念。
2. 注重团队合作能力，培养学生求真务实、精益求精的工匠精神。
3. 培养学生的美学素养，激发学生为乡村振兴贡献力量的民族使命感和社会责任感。

任务一　优惠券设计

任务导入

小雅的淘宝店设计装修已完成，需要进行网店营销推广，小雅将制作"贝贝南瓜"的满减优惠券，以在第一时间引起买家的关注，并让其产生进店购买的欲望。请你先了解优惠券的类型、设计制作要点和技巧，帮助小雅完成店铺优惠券设计。

任务分析

首先确定优惠券的内容，包括使用条件、使用时间、使用限制等，其次要明确优惠券的色系和表现形式。

知识链接

优惠券的类型与制作技巧

优惠券是消费者在网店购买商品或参加其他活动时，商家发放给消费者的优惠凭证。优惠券一般可用来抵用现金，其获得途径和规则多种多样。优惠券一般位于网店首页或商品详情页中，消费者进入网店即可自行领取。发放优惠券是网店商家常用的促销手段，也是网店推广方式和吸引消费者二次消费的一种策略。若商家开通了网店优惠券功能，即可制作个性化的优惠券。

一、优惠券的类型

优惠券通常是通过在形式上给予一定的折扣来触发消费者的心理效应，吸引消费者凑单用券，提高消费者的消费意愿，促进商品的销售。图 9-1-1 所示为几种常见的优惠券。网店首页中的优惠券根据使用场景的不同可分为不同的类型，主要包括新客券、满减券、折扣券和免单券。

图 9-1-1　不同类型的优惠券

（1）新客券：首次关注或收藏网店的消费者，可以领取新客券，在消费时直接抵扣××元。

（2）满减券：满减券是优惠券中最常见的一种类型，定额或者限时满减，只要消费金额达到××元，就可立减××元。

（3）折扣券：与满减券类似，只要购物满××件，就可打享××折。

（4）免单券：免单券可以直接抵扣订单金额，无须消费者支付现金。免单券可作为大型活动的引流手段，以数量稀少的免单券来吸引消费者进店抢购，可以实现引流并为活动造势。

二、优惠券设计制作要点

设计优惠券时，需要在符合网店整体设计风格的前提下，涵盖优惠券的使用范围、使用条件、发放时间、使用时间、使用限制等内容，直观地将信息传达给消费者，让消费者明确优惠券的使用规则，从而更好地开展促销活动吸引消费者购买。

（1）优惠券的使用范围：设计员要明确优惠券的适用范围，是全店通用，还是只能在购买店内的单品或者某系列商品时使用，即通过限定消费对象的方式起到引流的作用。

（2）优惠券的使用条件：设计员要明确优惠券的使用门槛，即使用优惠券应该满足的条件，如全场购物满168元即可优惠10元。这种有条件的满减或者折扣可以在刺激消费者消费的同时，最大限度地保证网店的利润空间。

（3）优惠券的发放时间：指消费者可以领取优惠券的时间，因此应明确告知消费者在什么时候可以领取优惠券。

（4）优惠券的使用时间：一般情况下，如果网店意在进行短期推广，就应当限定优惠券的使用时间。通常来说，可将优惠券的有效期间设置为消费周期。限制使用时间可以让消费者产生"过期浪费"的心理，从而提高优惠券的使用率。

（5）优惠券的使用限制：明确每位消费者可以领取的优惠券数量或设置其他限制条件，以免出现乱领、多领等情况，如"每笔订单限用一张优惠券""不可叠加使用"等。

（6）优惠券的最终解释权：如"优惠券的最终解释权归本店所有"，在一定程度上保留了法律上的权力，能够避免在后期活动执行过程中产生不必要的纠纷。

需要注意的是，以上信息并非一定要全部以文案的形式展示在优惠券板块。如果商家通过其他渠道（微信公众号、社群、新媒体等）通知了消费者优惠券的发放时间、使用时间以及使用限制，就可在优惠券设计时以展示使用范围、使用条件等内容为主。

三、优惠券设计制作技巧

随着网商竞争的日益激烈，优惠券已经成为商家不可或缺的一种营销工具。那么，美工设计员在做优惠券设计时，可以通过哪些技巧来刺激消费者，进而激发消费者的购物欲望呢？下面分别进行介绍。

（1）优惠券设计的内容应该尽量精简，不要添加任何与优惠内容无关的信息，否则容易引起消费者的反感。同时避免信息重复，应以简洁的方式来展示优惠券。

（2）优惠券的面值大小是决定消费者使用优惠券意愿强弱的首要因素，除了在网店成本经营范围内尽量设置大面值来刺激消费者外,面值的展示还应该在优惠券中占据显著位置,以快速吸引消费者的视线。

(3)当制作多张优惠券时,可先设计一个优惠券模板,据此制作其他类似优惠券,到时只需修改对应的内容即可。

(4)如果商家的优惠券总量有限,还应该设计优惠券被领取完后的状态。最简单的方法是将优惠券转为灰度模式,并给出提示信息,如"剩余0""已抢完"等。

任务实施

优惠券设计

小雅将制作"贝贝南瓜"的满减优惠券。在制作时,不但要确定优惠券的内容,包括使用条件、使用时间、使用限制等,而且要明确优惠券的颜色,这里以浅绿色作为主色,由简单的模块组成,让优惠信息得以展现。其具体操作如下。

步骤1 新建文件

新建大小为1 920像素×160像素、分辨率为"72像素/英寸"、名称为"贝贝南瓜优惠券"的文件,在左侧的标尺栏上单击并向右拖曳,得到一条参考线,按住鼠标左键将参考线拖曳到图9-1-2所示位置后,释放鼠标即完成参考线的添加。使用相同的方法完成其他参考线的添加。

图9-1-2 添加参考线

步骤2 使用钢笔工具绘制形状

选择钢笔工具,在工具属性栏中设置"工具模式"为"形状",再设置颜色"填充"为"#ee9915",在优惠券文件的左侧绘制图9-1-3所示的形状。

图9-1-3 绘制形状

步骤3 复制形状

按"Ctrl"+"J"快捷键复制绘制的形状,再次选择钢笔工具,在工具属性栏中取消填充,设置"描边"为"#ffffff、3点",在"描边选项"下拉列表中选择第二种选项,此时可发现复制后的形状发生变化,按"Ctrl"+"T"快捷键,使描边后的形状缩小显示,如图9-1-4所示。

图9-1-4 复制形状并缩小

步骤4　设置"渐变"图层样式

双击"形状1"图层，打开"图层样式"对话框，勾选"渐变叠加"复选框，设置渐变为"#e99413、#e9b336"，如图9-1-5所示。

步骤5　设置"投影"图层样式

勾选"投影"复选框，设置"不透明度""距离""扩展""大小"分别为"10""12""0""3"，单击"确定"按钮，如图9-1-6所示。

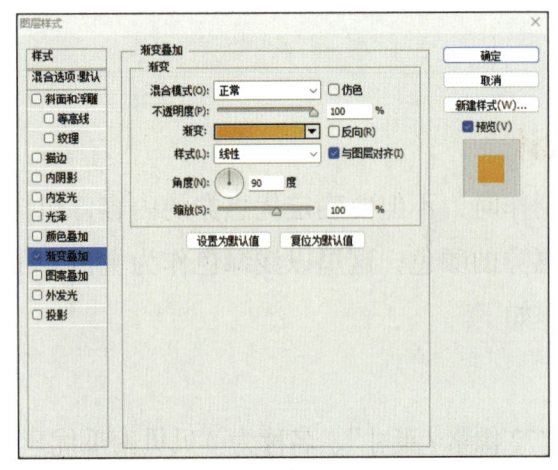

图9-1-5　设置"渐变叠加"参数

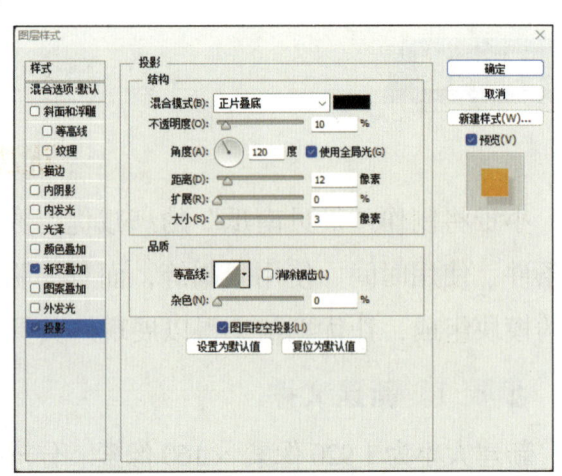

图9-1-6　设置"投影"参数

步骤6　制作文字内容

（1）选择横排文字工具，在工具属性栏中设置字体、文本颜色分别为"等线""#ffffff"，在形状内输入"5RMB"文字，完成后调整字体大小和位置，效果如图9-1-7所示。

（2）再次选择横排文字工具，在工具属性栏中设置字体为"隶书"、文本颜色为"#ffffff、#4b4b4b"，在形状内输入"优惠券""满39元使用"文字，完成后调整字体大小和位置。

步骤7　制作圆角矩形

选择圆角矩形工具，在工具属性栏中设置颜色"填充"为"#eec403"，在"满39元使用"图层下方绘制225像素×25像素的圆角矩形，如图9-1-8所示。

图9-1-7　输入文字

图9-1-8　绘制圆角矩形

步骤8　整理组

单击"创建新组"按钮，创建新组并将名称修改为"优惠券1"，然后将优惠券所有图层移动到组中。

步骤 9 复制图层

按两次"Ctrl"+"J"快捷键复制群组,并移动到优惠券右侧,然后将群组名称依次更改为"优惠券 2""优惠券 3",接着调整各个优惠券的内容,效果如图 9-1-9 所示。

图 9-1-9 复制图层

步骤 10 设置"渐变"图层样式

打开"优惠券 2"群组,双击"形状 1"图层,打开"图层样式"对话框,勾选"渐变叠加"复选框,在右侧的面板中,修改"渐变"为"#eb5d3a、#ef823a"。使用相同的方法,打开"优惠券 3"群组,修改"渐变"为"#30a63e、#45b24e"。

步骤 11 隐藏参考线

按"Ctrl"+";"快捷键隐藏参考线,完成优惠券的制作。保存文件,完成后的效果如图 9-1-10 所示。

图 9-1-10 完成后的效果图

举一反三

为家乡的特色农产品进行优惠券设计。

任务评价

评价项目	自我评价(20%)	小组互评(30%)	教师评价(50%)
能说出 3 种优惠券的类型(10 分)			
熟悉优惠券设计要点(10 分)			
基本掌握优惠券制作技巧(20 分)			
能熟练使用钢笔和文字等工具绘制优惠券(20 分)			
能独立设计制作优惠券(20 分)			
用户思维及团队协作能力(20 分)			
综合评价			

任务二　店铺促销活动

任务导入

小雅的淘宝店需要进行店铺促销活动推广，小雅将为店铺的贝贝南瓜设计一个"秋日狂欢购"促销活动，通过活动吸引新顾客，扩大顾客群体，提供各种优惠和福利，增加顾客的满意度和忠诚度，以此来提高网店的订单量和销售额。请你先了解店铺促销活动开展的流程，帮助小雅完成店铺促销活动设计。

任务分析

首先要明确活动目标与方向，设计吸引人的活动主题，促销内容丰富多样，全方位宣传推广，数据跟踪适时调整，活动结束后及时复盘与改进。

知识链接

认识店铺促销活动

店铺促销活动是商家为了吸引顾客、提高销售额而举办的一系列活动。做好能够刺激用户购买欲的促销活动，不仅能为店铺吸引较多流量，积攒人气，还能创下较高的销售量。促销活动的形式多种多样，常见的店铺促销活动有打折、满减、套餐搭配、拼团等。通过促销活动，商家可以吸引更多的顾客，增加销售额，同时也可以提高品牌知名度和顾客忠诚度。

促销活动通常会在特定的时间段内进行，比如节假日、店庆日等。商家还可以通过线上线下结合的方式进行促销活动，比如在线上平台发布优惠券、组织线下会员制度营销、赠送红包等。促销活动对于顾客来说也是一个很好的购物机会，可以在活动期间享受到更多的优惠和福利，一般店铺促销活动开展流程如下。

一、明确活动目的与方向

从促销活动目的、活动类型等方面入手找准方向，为活动的开展找到目标客户人群。一般来说，活动的目的包括增加销售额、清理库存、提升品牌知名度、培养忠诚顾客，并获取市场需求信息，从而促进店铺的发展和经营。常见的店铺活动目标有：

（1）增加销售额。通过各种优惠方式吸引顾客购买更多的商品，提高店铺的销售量和销售额。

（2）清理库存。店铺可能会有一些滞销或过季的商品，促销活动可以帮助快速清理库存，为新品或热销商品腾出空间，减少滞销商品的库存压力。

（3）提升品牌知名度。通过活动中的宣传和推广，增加顾客对店铺品牌的认知和好感度，提升品牌知名度。

（4）培养忠诚顾客。通过促销活动可以给予顾客更多的优惠和回馈，培养他们的忠诚度，增加他们的复购率。

（5）拓展新顾客群体。可以吸引更多的新顾客，通过各种优惠方式吸引他们尝试购买店铺的商品或服务，扩大店铺的顾客群体。

（6）提高客户满意度。通过提供更多的优惠和福利，可以提高顾客的满意度。顾客在活动中获得实惠和好处，会对店铺产生更高的满意度和忠诚度。

二、设计吸引人的活动主题

在店铺促销活动设置之前，可以通过市场调研、顾客分析和数据分析等方式，了解目标顾客的年龄、性别、职业、兴趣爱好、购买习惯等信息，再根据目标顾客的特征和消费行为，将其划分为不同的消费群体。可以根据消费群体的兴趣爱好、购买需求和市场趋势等因素，设计吸引人的活动主题，这对店铺活动的产品选择至关重要。同时，针对店铺新老买家可以设置不同的价格，新买家宝贝价格不能过高，老买家可以在赠送优惠券的基础上适当提高价格。

例如，如果目标顾客是年轻人群，可以考虑以时尚、潮流为主题的促销活动；如果目标顾客是家庭主妇，可以考虑以家居、家庭生活为主题的促销活动；如果目标顾客是商务人士，可以考虑以商务礼品、办公用品为主题的促销活动。

三、优化店铺页面与文案

做好前两步工作之后，美工设计员需要根据与运营员沟通确定的活动视觉页面效果图，来优化视觉页面的设计制作，确保页面布局简洁明了，突出促销信息。使用清晰的标题、醒目的图片和引导性按钮，让顾客一目了然地了解活动内容，吸引顾客的注意力。如"立即购买""立即参与"等，引导顾客进行购买或参与活动。按钮的颜色和位置应与页面整体风格相协调，易于点击。同时根据活动进行的不同时期设计相应的宣传海报并选择出最好、最有创意的文案，使用积极、有趣的语言，激发顾客的购买欲望。使用高质量的图片和视频展示促销产品或活动场景，能够更直观地吸引顾客的注意力。确保图片和视频与活动主题相符，能够准确传达活动的核心信息。确保页面在不同设备上的显示效果良好，适应不同屏幕大小和分辨率。优化页面加载速度，提升用户体验。活动期间，还要根据运营员要求及时调整促销活动页面，活动结束后，及时更换相关页面信息。这些因素能够提升顾客的参与度和购买意愿，增加促销活动的效果。

四、线上推广与引流

在活动开始之前做好引流工作，利用不同新媒体营销工具为店铺预热。可以通过社交媒体推广、电子邮件营销、搜索引擎优化、网络广告投放、合作推广、线上活动互动等方式，提高促销活动的曝光度和参与度。同时，通过数据分析和优化，不断改进推广策略，提高线上推广的效果。掌握好线上推广的节奏，做到提前规划、适时发布、分阶段推广、定期更新、互动和回应，以及监测和调整。通过合理的节奏安排，能够更好地引导用户的参与和购买，提高促销活动的效果和用户满意度。

五、数据跟踪与适时调整

在开始促销活动之前，明确设定目标和指标，如销售额、转化率、用户参与度等，这样可以更好地跟踪和评估活动的效果。活动期间，需要每天跟踪成交量、流量、跳失率等数据。也可以设定监测频率，如每日、每周或每月，以及设定预警指标，一旦达到或超过预期，及时采取调整措施。积极收集用户的反馈和意见，可以通过在线调查、用户评论、社交媒体互动等方式。根据用户的反馈，了解他们的需求和偏好，进一步优化促销活动的策略和内容。根据数据和用户反馈，及时调整和优化促销活动的策略和内容。可以调整广告投放渠道、优化页面设计、改进文案内容等，以提高活动的效果和用户参与度。

网店促销活动效果监测通常包括以下几个方面。

（1）销售数据分析：对活动期间的销售数据进行分析，比较活动前后的销售情况，包括订单量、销售额、客单价等指标，评估活动对销售的影响。

（2）顾客反馈收集：通过顾客调查、评价和留言等方式，收集顾客对活动的反馈和意见，了解顾客对活动的满意度、购买体验等方面的评价。

（3）流量分析：通过网站分析工具，监测活动期间网店的访问量、页面浏览量、访客来源等数据，了解活动对网店流量的影响。

（4）社交媒体互动监测：监测活动期间在社交媒体平台上的互动情况，包括活动话题的讨论量、转发量、点赞量等，评估活动在社交媒体上的曝光和影响力。

（5）目标达成情况评估：根据设定的活动目标，评估活动是否达到预期效果，如销售目标、顾客增长目标等。

通过对以上数据和反馈信息的综合分析，可以对网店促销活动的效果进行评估，了解活动的优势和不足之处，为未来的促销活动提供改进和优化的方向。

六、活动复盘与经验总结

促销活动结束后的复盘是整个活动团队对本次店铺活动的整体和细节的评价和分析，可以帮助运营人员更宏观地了解活动结果，并依据本次的数据去判断当下的决策是否正确。复盘有利于吸收经验教训，找到活动的亮点和不足，比较活动前后的销售额、转化率、客单价等指标的变化，看是否达到了预期的目标。同时，也要关注活动期间的顾客反馈和留存率等指标。总结活动期间遇到的问题和挑战，如供应链问题、物流延迟、宣传不足等。找出问题的原因，并制订解决方案，以便在下次活动中避免类似问题发生。根据活动的复盘与总结，制订改进计划。针对存在的问题和不足，提出具体的改进措施，并在下次活动中加以改进，同时可以更好地量化评估活动效果。以下是网店促销活动复盘的一般步骤。

（1）收集数据和信息：整理和收集与促销活动相关的数据和信息，包括销售数据、顾客反馈、流量分析、社交媒体互动等，确保数据的准确性和完整性。

（2）分析活动目标达成情况：对活动的目标进行评估，比较实际达成情况与预期目标的差距。分析目标达成的原因，找出成功的因素和不足之处。

（3）评估销售数据和趋势：对销售数据进行详细分析，比较活动前后的销售情况，包括订单量、销售额、客单价等指标。分析销售趋势和变化，找出销售增长或下降的原因。

（4）分析顾客反馈和满意度：整理和分析顾客的反馈和评价，包括顾客调查、评价和留言等。了解顾客对活动的满意度、购买体验等方面的评价，找出顾客满意度的提升点和改进的方向。

（5）总结活动亮点和成功经验：总结活动中的亮点和成功经验，找出活动中取得好成绩的原因和做法。这些经验可以作为未来促销活动的借鉴和参考。

（6）发现问题和改进点：找出活动中存在的问题和不足之处，分析问题的原因和影响。提出改进的建议和措施，以避免类似问题在未来的促销活动中再次出现。

（7）制订改进计划：根据复盘的结果，制订具体的改进计划和行动方案。明确改进的目标、措施和时间表，确保改进计划的有效实施。

（8）沟通和分享经验：将复盘的结果和改进计划与相关团队成员进行沟通和分享，确保大家对活动的复盘和改进有共识。通过分享经验，促进团队的学习和成长。

店铺促销活动设计是一个不断学习和改进的过程。及时复盘和总结是为了不断提升活动的效果和效率，为店铺的发展提供有力支持。同时，也能够积累宝贵的经验和教训，为未来的活动提供参考和借鉴。因此，要保持学习的态度，不断改进和创新。

任务实施

贝贝南瓜店铺促销活动设计

小雅为店铺的贝贝南瓜进行促销活动设计，其具体操作如下。

步骤1　明确活动目标和方向

活动名称：秋日狂欢购。

活动时间：10月1日至10月15日。

活动目标：

（1）增加销售额：提高网店的订单量和销售额。

（2）吸引新顾客：通过活动吸引新顾客，扩大顾客群体。

（3）清理库存：针对季节性产品进行库存清理。

（4）提升品牌知名度：利用促销活动提高贝贝南瓜的品牌形象。

（5）培养忠诚顾客：通过优惠和回馈增加顾客的复购率。

步骤2　确定目标顾客群体

通过市场调研确定目标顾客，可能是注重健康饮食的消费者、家庭主妇，或是年轻白领。

步骤3　设计活动主题 丰富活动内容

以"健康生活，从贝贝小南瓜开始"为主题，强调贝贝南瓜的健康和营养价值。

（1）限时特价：在活动期间，推出一系列限时特价商品，如板栗红薯等，吸引顾客抢购。

（2）满减优惠：设置满减优惠活动，例如满200元减50元、满500元减100元等，鼓励顾客增加购买量。

（3）赠品促销：针对特定商品或订单金额，赠送相应的赠品，增加购买的吸引力。

（4）优惠券发放：向顾客发放优惠券，可在活动期间使用，提高顾客的购买积极性。

（5）拼团：每个人都有自己的社交圈子，其社交好友范围也在极速扩张，各种属性的"群"越来越多，个人影响力也越来越大。如果某人喜欢一款商品，恰好又很愿意分享给周围的人，那么这时候他就可以作为一个发起者，号召三五好友一起购买这款商品，只要达到指定的参与人数，就可以较低的价格进行购买。通过拼团让客户主动去分享、宣传商品，从而提高店铺的流量和销量。

步骤4　优化店铺页面与文案

设计简洁明了的页面布局，突出促销信息。使用健康、活力的图片和色彩，吸引顾客注意。创意文案：每一口都是健康的味道，贝贝小南瓜，您的健康选择！

步骤5　线上推广策略

（1）网店首页宣传：在网店首页突出位置展示活动信息，吸引顾客的注意。

（2）社交媒体宣传：通过贝贝南瓜的社交媒体账号进行预热，分享贝贝南瓜的健康食谱，发布活动信息，引导顾客前往网店参与活动。

（3）电子邮件推送：发送电子邮件给订阅用户，提前告知促销活动。

（4）合作伙伴推广：与相关合作伙伴合作，共同推广活动，扩大活动的影响力。

（5）广告投放：根据预算，选择合适的广告渠道进行投放，如搜索引擎广告、社交媒体广告等。

步骤 6　数据跟踪与适时调整

根据设定的关键绩效指标（KPI），如销售额、访问量、转化率等，使用数据分析工具跟踪关键指标，根据数据反馈适时调整促销活动策略。

步骤 7　活动评估、复盘与改进

（1）销售数据分析：对活动期间的销售数据进行分析，比较活动前后的销售情况，评估活动的效果。

（2）顾客反馈收集：通过顾客调查、评价和留言等方式，收集顾客对活动的反馈和意见，为以后的活动改进提供参考。

（3）目标达成情况评估：根据设定的活动目标，评估活动是否达到预期效果，总结经验教训，为未来活动提供改进方向。

通过以上策划方案的实施，贝贝南瓜网店促销活动可以吸引顾客的关注和参与，提高销售额和顾客满意度。同时，也要根据实际情况进行调整和改进，不断提升活动的效果和效率。

举一反三

为各小组运营的店铺进行一场线上线下促销活动策划。

任务评价

评价项目	自我评价（20%）	小组互评（30%）	教师评价（50%）
了解店铺促销活动开展流程（10分）			
能根据市场调研分析确定促销活动目标（10分）			
基本掌握促销活动内容设计（20分）			
熟练掌握常见的店铺促销活动目标（20分）			
能独立进行店铺促销活动设计（20分）			
用户思维及团队协作能力（20分）			
综合评价			

任务三　搭配套餐活动

任务导入

小雅的淘宝店还需要进行搭配套餐活动推广,小雅将分析店铺内与贝贝南瓜关联性强的几个商品搭配在一起进行促销,让买家一次性购买更多的商品,来提高商品的店铺转化率。请你先了解店铺搭配套餐设置的注意事项,熟悉哪些商品适合搭配营销,然后来帮助小雅完成店铺的搭配套餐活动。

任务分析

首先要了解商品的特征,然后结合套餐搭配注意事项,找出具有一定关联性或互补性的商品来设置搭配套餐活动。

知识链接

套餐的搭配

搭配套餐是将几种商品组合在一起设置成套餐来销售,通过搭配套餐可以让买家一次性购买更多的商品。搭配套餐可以提高整体购买商品的性价比,可以调动客户的购物热情,不仅可以提高商家的店铺转化率,同时也有利于提高客户购买的客单量。

既然是搭配套餐,那么在商品的搭配过程中,一定要注意商品结构的搭配,关联性要强,不然强制搭配不仅不会带来有利的结果,反而可能降低客户的购物热情。

一、搭配套餐设置注意事项

(1)确定目标客户群体:了解你的目标客户群体的喜好和需求,根据他们的购买习惯和偏好来设计搭配套餐,以提高吸引力和购买率。

(2)考虑产品的组合:选择相互搭配合理的产品组合,确保搭配套餐的产品之间有一定的关联性或互补性,以增加客户的购买欲望和体验价值。

(3)制定合理定价策略:在确定搭配套餐的价格时,要考虑产品的成本和市场竞争情况,确保价格具有吸引力和竞争力,同时也要保证套餐的利润空间。

(4)清晰的说明和展示:在店铺活动中清晰地展示搭配套餐的内容和优惠,包括产品的详细描述、图片和价格等,让客户一目了然,方便他们做出购买决策。

（5）促销和推广：通过促销活动、广告宣传等方式，提高搭配套餐的曝光度和知名度，吸引更多的潜在客户，增加销售量。

（6）客户反馈和调整：定期收集客户的反馈和意见，了解他们对搭配套餐的评价和需求，根据市场反馈进行适当的调整和改进，以提升客户满意度和销售效果。

二、适合搭配套餐的商品

搭配套餐可以根据不同行业和产品类型的特点来确定，灵活地设计和调整搭配套餐的内容。需要注意的是，搭配套餐的商品应该具有一定的关联性或互补性，能够满足顾客的需求，并且在定价上要有一定的优惠或折扣，以吸引顾客购买整套商品。以下是一些常见的适合搭配套餐的商品示例。

（1）餐饮行业：例如餐厅可以将"主食+配菜+饮料"等组合成套餐，提供给顾客选择。或者将多种小吃或点心组合成套餐，满足不同口味的顾客需求，效果也很好。

（2）服装行业：服装是最好搭配的类目，可以将"衣服+裤子+帽子"搭配，或者将相同风格或主题的服装搭配在一起，形成搭配套餐，方便顾客购买，提供给顾客一次性购买整套服装的选择。一般服装类商品搭配套餐的购买成功率很高，效果也不错。

（3）家居用品：例如将床上用品、窗帘、地毯等组合成一套家居装饰套餐，满足顾客对整体家居风格的需求。

（4）化妆品和个护品：女性购买化妆品时大都选择套装购买，所以化妆品类也是适合搭配套餐的商品。化妆品的搭配一般是按照功能来搭配的，比如"洁面乳+爽肤水+面霜"；或者将"口红+眼影+腮红"等组合成一套彩妆套装，方便顾客购买一整套产品。

（5）电子产品：例如将"手机+耳机+充电器"等组合成一套手机配件套餐，或者将相同品牌或系列的电子产品搭配在一起，形成搭配套餐，提供给顾客多样化选择。

任务实施

贝贝南瓜搭配套餐设计制作

小雅根据山东特产贝贝南瓜商品的特征，再结合套餐搭配注意事项制作了一个超值套餐搭配活动，其效果如图9-3-1所示，具体操作步骤如下。

图9-3-1　套餐搭配展示设计效果

步骤 1　新建文件

新建大小为 1 800 像素 ×800 像素、分辨率为 72 像素 / 英寸、名为"套餐搭配"的文件。使用油漆桶工具，设置背景填充颜色代码为"ad1d15"。

步骤 2　制作圆角矩形

（1）选择圆角矩形工具，设置填充颜色代码为"ffffff"，设置圆角的半径为 8 像素，在背景图层的左侧绘制圆角矩形。选择矩形工具，设置填充颜色代码为"ef4343"，在圆角矩形内部，绘制一个矩形，如图 9-3-2 所示。

（2）选择矩形工具，设置填充颜色代码为"ef4343"，在矩形下方，绘制一个小矩形。选择圆角矩形工具，设置填充颜色代码为"ef4343"，设置圆角的半径为 8 像素，在矩形下方绘制一个圆角矩形，如图 9-3-3 所示。

图 9-3-2　绘制形状　　　　　　　　图 9-3-3　绘制形状

步骤 3　添加营销文字

在步骤 2 中绘制的矩形和圆角矩形中添加文字，选择横排文字工具，设置文本格式为"微软雅黑"，颜色代码为"ffffff"，在小矩形中输入字号为 35 点的文本"爆款"；在圆角矩形中输入字号为 40 点的文本"套餐价￥35"。按照上述步骤，添加颜色代码为"000000"、字号为 45 点的"贝贝南瓜"文本，以及颜色代码为"585656"、字号为 45 点的"原价：42"（加入删除线格式），效果如图 9-3-4 所示。

步骤 4　打开素材并创建剪贴蒙版

打开商品素材文件"贝贝南瓜 .jpg"，添加在步骤 2 中绘制的矩形图层上方，右击该图层，选择"创建剪贴蒙版"命令，调整素材大小和位置，如图 9-3-5 所示。

图 9-3-4　添加文字　　　　　　　　图 9-3-5　创建剪贴蒙版

项目九 网店设计推广 | 183

步骤 5　合并图层到组

选择步骤2~步骤4所制作的所有图层，按"Ctrl"+"G"快捷键将其内容放置到新建的组中，并将组名称修改为"贝贝南瓜"。按住Alt键进行拖曳复制，将该组名称修改为"板栗红薯"。

步骤 6　修改素材内容

在"贝贝南瓜"的基础上，修改"板栗红薯"内的素材，如图9-3-6所示。

步骤 7　制作文本内容

选择横排文字工具，设置文本格式为"微软雅黑"，字号为95点，颜色代码为"ffffff"，在两个圆角矩形中间输入文本"+"，在第二个圆角矩形后输入文本"="。效果如图9-3-7所示。

图 9-3-6　修改商品素材　　　　　　图 9-3-7　输入文本

步骤 8　制作"超值套餐"文本内容

选择横排文字工具，设置文本格式为"微软雅黑"，字号为80点，颜色代码为"ffffff"，在"="右侧上方，输入文本"超值套餐"；在下方输入字号为260点的文本"￥59.00"。效果如图9-3-8所示。

步骤 9　制作矩形及文字

选择矩形工具，在"￥59.00"文本下方绘制填充颜色代码为"e72a24"的矩形，在该矩形上方新建一个图层，选择多边形套索工具绘制一个标签，创建选区，填充颜色代码为"e72a24"，如图9-3-9所示。

图 9-3-8　输入文本　　　　　　图 9-3-9　绘制形状

步骤 10　绘制直线内容

选择直线工具，在标签内绘制一条色号为"ad1d15"、粗细为4像素的竖线。选择圆角矩形工具，设置填充颜色代码为"fbe985"，设置圆角的半径为8像素，在竖线右侧，绘制一个圆角矩形。效果如图 9-3-10 所示。

步骤 11　制作文本内容

选择横排文字工具，设置文本格式为"微软雅黑"，字号为 55 点，颜色代码为"ffffff"，在步骤 10 绘制的竖线左侧，输入文本"省 15 元"；在步骤 10 绘制的圆角矩形内，输入字号为 42 点、颜色代码为"f7305b"的文本"马上抢"。效果如图 9-3-11 所示。

图 9-3-10　绘制形状

图 9-3-11　添加文字

举一反三

你是一家餐厅的经理，需要设计一份搭配套餐菜单，以吸引更多的顾客。请以文字形式描述你设计的搭配套餐，包括主菜、配菜和饮品的选择，以及你考虑的口味、营养和价格等因素。同时，附上一份简洁的菜单图示，展示你的搭配套餐活动。

任务评价

评价项目	自我评价（20%）	小组互评（30%）	教师评价（50%）
掌握搭配套餐活动注意事项（10 分）			
能根据商品特征找出商品之间的关联性或互补性（15 分）			
熟悉常见的适合搭配套餐的商品（25 分）			
能独立完成搭配套餐活动设计（20 分）			
搭配套餐活动设计合理美观（15 分）			
用户思维及团队协作能力（15 分）			
综合评价			

素养视窗

在当前消费者日益重视自身健康和绿色生活的趋势下，贝贝南瓜作为一种营养丰富、健康绿色的食品，不仅满足了人们对健康饮食的需求，也与国家倡导的绿色发展理念不谋而合。党的二十大报告中强调的坚持绿色发展、推进生态文明建设的理念，正是贝贝南瓜种植和店铺销售过程中所积极践行的。在推广策略上，贝贝南瓜店铺可以通过设计多样化的优惠券、创新的营销活动以及搭配套餐等方式，不仅增加了商品的市场竞争力，也体现了企业对创新驱动发展战略的积极响应。这些营销创新不仅能够吸引更多消费者，还能激发市场活力，推动消费升级。贝贝南瓜的大面积种植，对于推动当地农业的现代化和产业化具有重要意义。它不仅能够提升农产品的附加值，还能够帮助农民增收，促进农村经济的全面发展，这与国家乡村振兴战略的目标是一致的。通过贝贝南瓜的种植和销售，可以有效地带动农业产业链的延伸和价值链的提升，实现农业增效、农民增收。

参考文献

[1] 刘涛. 商品拍摄与图片处理[M]. 济南：山东科学技术出版社，2022.

[2] 黄文州. 浅议高职网店美工课程项目式教学改革——以网店商品详情页教学设计为例[J]. 上海商业，2021（04）：183-186.

[3] 霍雪莲. 基于核心素养的高职"网店美工"课程教学设计探究[J]. 求知导刊，2019（23）：73-74.

[4] 杨亚南. PS技术在淘宝美工设计中的应用创新研究[J]. 科技传播，2018（12）：117-118.